买 / 在 / 起 / 涨 / 点

八大涨停板战法

三三三精准开仓交易法

马重祥　马超◎著

中国宇航出版社
·北京·

图书在版编目（CIP）数据

八大涨停板战法 / 马重祥，马超著. -- 北京 : 中国宇航出版社，2019.1（2025.1重印）
ISBN 978-7-5159-1584-5

Ⅰ. ①八… Ⅱ. ①马… ②马… Ⅲ. ①股票交易－基本知识 Ⅳ. ①F830.91

中国版本图书馆CIP数据核字(2018)第286199号

策划编辑 田芳卿　　责任校对 吴媛媛
责任编辑 卢 珊　　装帧设计 宇星文化

出版发行 中国宇航出版社
社　址 北京市阜成路8号　　邮　编 100830
(010)60286808　　(010)68768548
网　址 www.caphbook.com
经　销 新华书店
发行部 (010)60286888　　(010)68371900
(010)60286887　　(010)60286804(传真)
零售店 读者服务部
(010)68371105
承　印 三河市君旺印务有限公司
版　次 2019年1月第1版　　2025年1月第8次印刷
规　格 787×960　　开　本 1/16
印　张 12.5　　字　数 151千字
书　号 ISBN 978-7-5159-1584-5
定　价 38.00元

前言

PREFACE

佛门虽宽，不度无缘之人；天雨虽广，不润无根之草。

当你打开这本书，就是与成功结了一半的缘。本书讲解的内容，需要读者有一定的股龄，进入股市盯盘几年，积累了一定的操盘经验，这样才能有所感悟。

炒股是一种技术性很强的活动，看似门槛很低，实则极高。虽然大家在证券公司开户后即可入金操作，但是一个职业股民想通过市场交易来赚取利润并养活自己，就必须要做到非常专业。专业，一是指要有充足的看盘时间和交易时间，能够随时应对市场发生的变化。二是分析技术和操作水平非常高，能够达到职业交易者的较高水准。

阶段性盈利很容易，每个股民都有在市场中赚到钱的经历，但要想保住本金并不断在市场中获取利润，不经过多年的牛熊市洗礼，没有成千上万次的操作是不可能的。美国华尔街金融机构培养一个顶极操盘手，就像训练一个飞行员一样严格与苛刻，需要花费重量等身的黄金和十几年的时间。消耗千万资金和无法统计的交易交割，才能培养出一位交易大师。

俗话说，“十年悟道，一朝花开”。有一天突然顿悟，会给人一种豁然开朗、茅塞顿开的感觉。这个开悟、明理的过程，就像参禅一样需要禅定，需要慧根。虽说悟道不是开天眼，看凡尘，但如果食古不化，冥顽不灵，思想禁锢在一隅，不善于总结操盘经验并灵活运用，最终是战胜不了这个市场的。

炒股是一个悟道的过程，很多投资者在悟道的路上走了很多弯路，这是因为闭目塞听的缘故。如果闭目塞听，不思进取，可能就不仅仅是摸着石头过河的问题了，简直可以说摸着地雷过河。一旦买到雷股，账户资金就会被无情血洗。

成功的道路上会遇到各种困难，也会经历前所未有的挑战，所以大家会恐惧，感觉很无助，甚至想要放弃交易。投资者朋友们，请记得坚持一下，可能就是这一次的坚持，能给你带来一个不一样的明天。成功的道路上并不拥挤，因为能够坚持的人并不多。

也许有人会问：坚持到什么时候？回答是：坚持到成功的时候，坚持到达到目标的时候，坚持到梦想成真的时候。这不是你想要的吗？这不是你的选择吗？选择了，就要一直走下去。成功需要努力，也需要坚持。在市场中生存，有时候坚持比努力要重要。

如果你想炒股，又没有什么经验，最好不要孤军奋战。对于新手来说，学习是迈向成功的重要途径。当然，学习也有多种途径，一是发现式学习，就是自己摸索。这种方式耗时耗力，有时得不偿失。二是接受式学习，就是找一个前辈或老师，指导和引领你学习炒股知识。有高手的指导和引领，大家可以少走很多弯路。

老师是知识的传授者，更是智慧的激励者；是社会经验的提供者，更是多元价值的分享者；是人生道路的指引者，更是奋斗目标的助跑者。

总结几句话：

第一句，如果没有“慧根”，就要学会“跟跑”。

第二句，宁可在一个注定成功的道路上走慢点儿，也不要在一个注定失败的道路上疾驰。

第三句，宁可跟着明白的人糊涂地走，也不要跟着糊涂的人明白地走。

第四句，宁可在富有的朋友圈中暂时贫穷，也不要在贫穷的朋友圈中暂时富有。

欢迎加入读者交流 QQ 群，QQ 群号：62051347。

马　超

2019 年 1 月

目 录

CONTENTS

上篇

八大涨停板战法

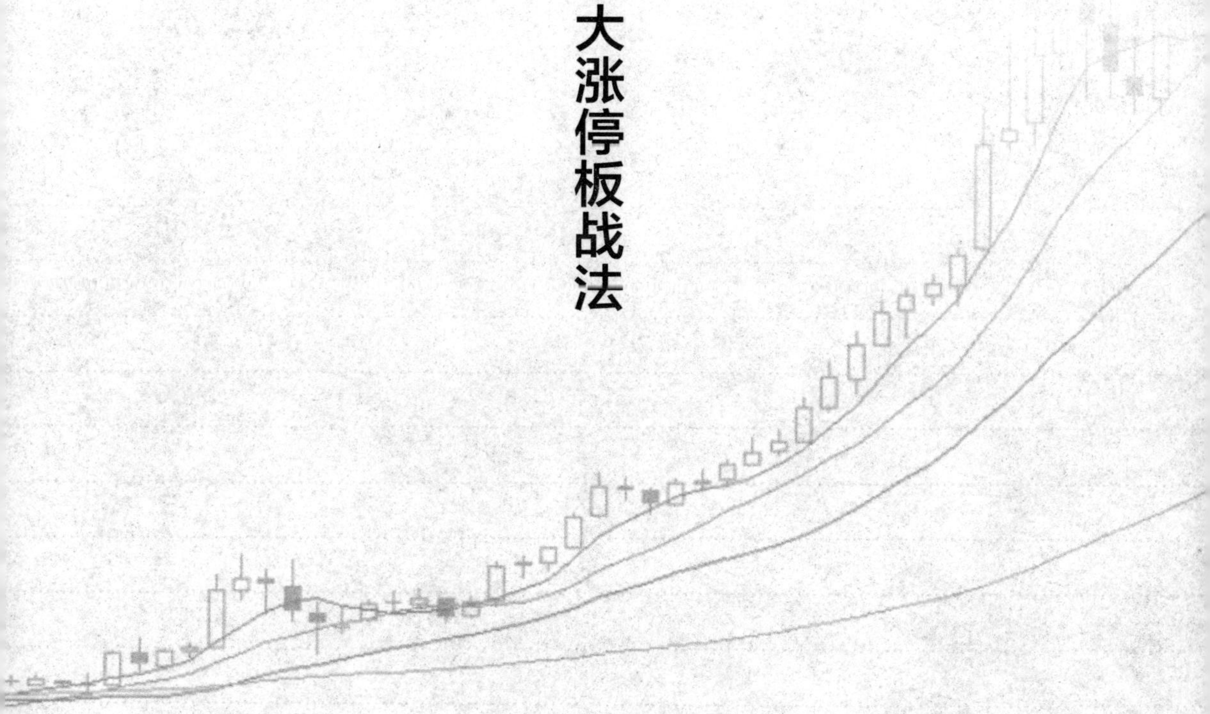

第一章　平台突破三五浪抓涨停

本章讲解的是八大涨停板战法中的平台突破三五浪抓涨停。本章内容非常重要，学习完这个涨停板战法以后，不一定每只股票都要去抓一个涨停板，但是学会这些技术后，想在一只股票上拿到百分之十几或更多的收益，还是有可能实现的。

抓涨停，这里体现了一个字——“抓”。什么情况下才容易抓到涨停呢？是不是这只股票在地上趴着，就能抓到涨停呢？抓涨停需要很高的交易技术，也需要好运气，同时还要有大盘和板块的配合。这种“埋板”的交易技术需要很多技术面的支持，但对于抓涨停来讲还是比较简单的，只需要满足一系列的条件即可。所谓的“抓”，重点体现在速度上。

一只股票当天最大的涨幅是 10%，当一只股票涨到了涨停的临界点，也就是涨幅达到了 8% 或 9%，甚至达到了 9.5%，还差几分钱的时候，此时买入这只股票，抓涨停的成功率是不是会大幅提高呢？

所谓抓涨停，就是股票涨幅达到了涨停这样的一个临界点，交易者及时找到并抓住了这样一个获利机会。这样的交易机会稍纵即逝，在大家犹豫的一刹那，一阵电光石火之后，价格就封上涨停板了，届时几万手的封单牢牢地挂在买一的位置上，普通股民再排单，已经买不上了。

这种涨停股票除了在技术层面上去挖掘以外，还有一点，就是市场雷达会及时预警，大家可以打开短线精灵去设置。

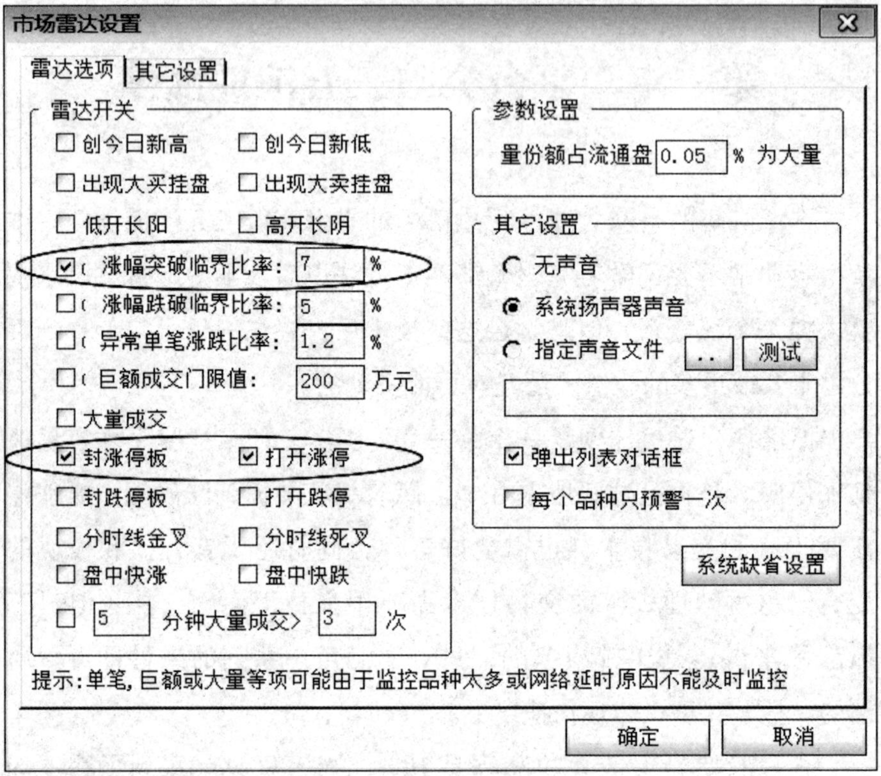

图 1-1　市场雷达设置

打开市场雷达，将不相关的选项全部取消，只保留“涨幅突破临界比率达到 7%”“封涨停板”和“打开涨停”这三项。

这三个选项是什么意思呢？就是当一只股票达到了 7% 的涨幅，短线精灵会在盘中及时提示。如果一只股票涨幅达到 3% 或 4%，那么它离涨停还很远，但是涨幅到了 7% 或 8%，不是离涨停板很近了吗？

“封涨停板”这个选项也很重要。有些股票会在涨幅 6% 的位置直线上升拉涨停。有的股票封住涨停板了，之后可能还会打开，交易者可以从中寻找开板的机会。这三个功能是抓涨停非常有效的途径，找到那些股价处在临界点的股票，及时参与标的个股的涨停走势。

是不是当股价涨到 7%，或遇到打开涨停的股票，就一定要买入呢？绝对不是。下面就深入讲解怎样通过平台突破三五浪抓涨停，以实际走势为例辅助讲解。

图 1–2 是万里股份的分时走势图。当分时线从开盘价一路上涨，涨到 7% 的时候，市场雷达就会作出提示，此时交易者就要及时去看 K 线组合，分析是不是适合买入的标的个股。其实这只股票私募机构几天前就已经介入了。

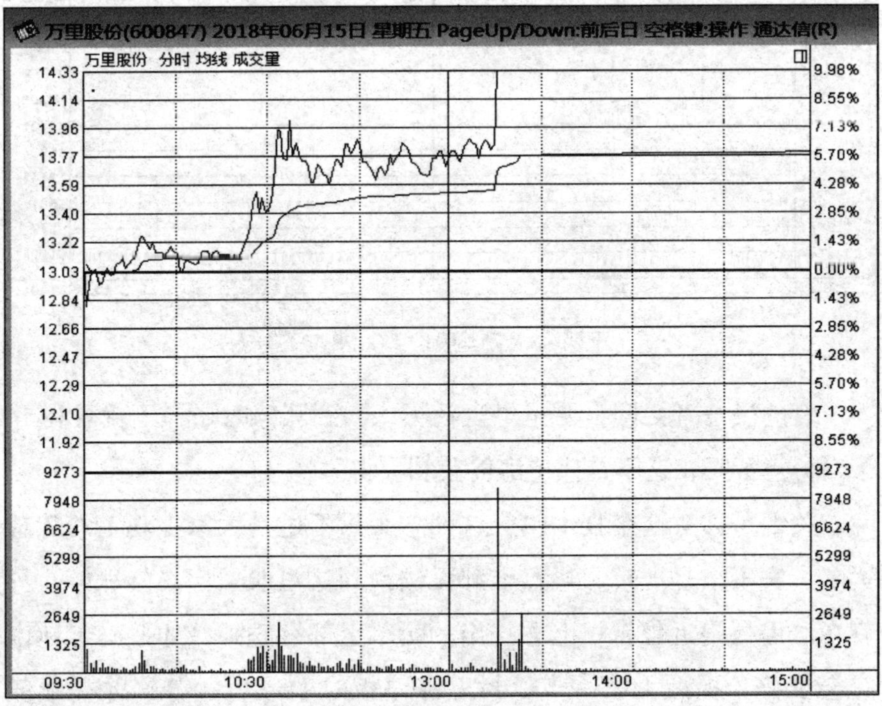

图 1–2 万里股份（600847）

如图 1–3 所示，2018 年 6 月 12 日，万里股份的分时走势以三波形式拉涨停。在涨幅达到 7% 以后，股价几乎没有停顿，略微震荡后，直接单笔巨量封住涨停。这时市场雷达就会及时提示该股涨幅达到7%。封上涨停板时，市场雷达会再次提示万里股份涨停。当然，如果打开涨停板，市场雷达也会给出提示。

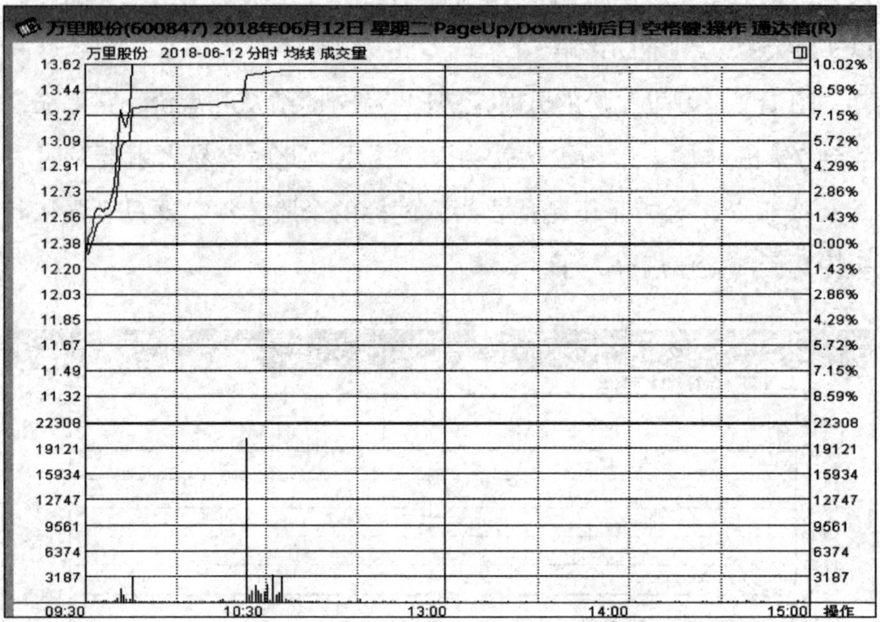

图 1–3 万里股份（600847）

有的投资者会问，要是早盘就买入，到涨停时账户不就盈利 10 个百分点了吗，这不是比追涨停获利大得多？

关键是你有这个技术吗？这种念头只不过是大家主观上的臆想罢了。实事求是地讲，早盘谁都无法预测这只股票当日会涨停。只有在涨停板附近位置，上方挂出的卖单全部被吃掉，才敢确定地说它会涨停。提醒大家一点，封上涨停板时的最后一分钱才是最值钱的。

如图 1–4，从日 K 线图来看，该股当日涨停正好是平台突破三五浪的涨停。3 浪是主升浪，5 浪在波浪结构中是很重要的一个上涨浪。

图 1–4　万里股份（600847）

在讲平台突破三五浪抓涨停之前，首先要对波浪理论有一个基本的认识。

在艾略特波浪理论中，一个上涨浪分为三浪五波，其中的上涨浪称为推动浪，下跌浪称为调整浪。图 1–5 中 1、3、5 浪为上涨浪，2、4 浪为调整浪。其中 3 浪和 5 浪是推动浪中上涨幅度最大的两个浪。3 浪平台突破或者 5 浪平台突破，是投资者抓涨停板的一个重要位置。

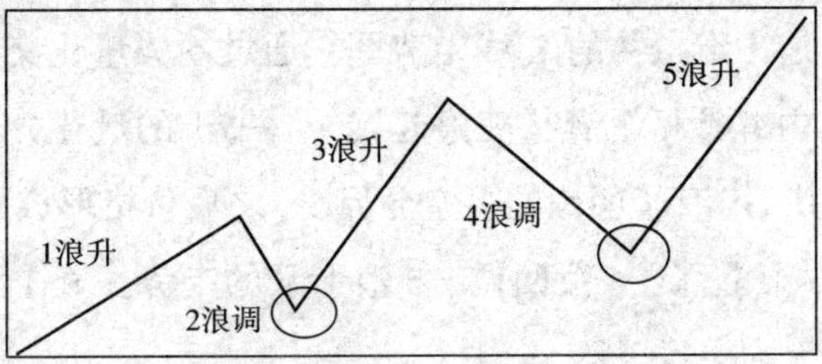

图 1–5

在下降趋势中，是不可能出现 3 浪和 5 浪的。只有在上涨趋势中，才能找到 3 浪、5 浪的上涨结构，这就同时解决了趋势方向的问题。也就是说，这个战法要避开下降趋势。

如图 1-6 所示，在重庆啤酒的五浪结构中，5 浪出现了连续上涨。虽然在上涨过程中没有出现涨停板，但是股价涨个不停对交易者来说也很好呀。

图 1-6　重庆啤酒（600132）

为了让投资者看得更直观一些，可以把均线去掉，改用画线的方式来说明。

图 1-7 是三诺生物的 K 线走势图。通过趋势量化交易系统（该系统的具体内容参见笔者《涨停起爆》一书）的量化分析，股价突破 A 线和 B 线后，有了明确的多空分界线，之后价格形成了 1 浪上涨、2 浪回调、3 浪上涨、4 浪回调、5 浪上涨的走势。五个浪形结构涨跌分明，看上去一目了然。

跨过多空分界线之后，股票价格形成了新的上升趋势，个股步入了有序的上涨通道。五浪结束以后，所有个股都难逃 A、B、C 三

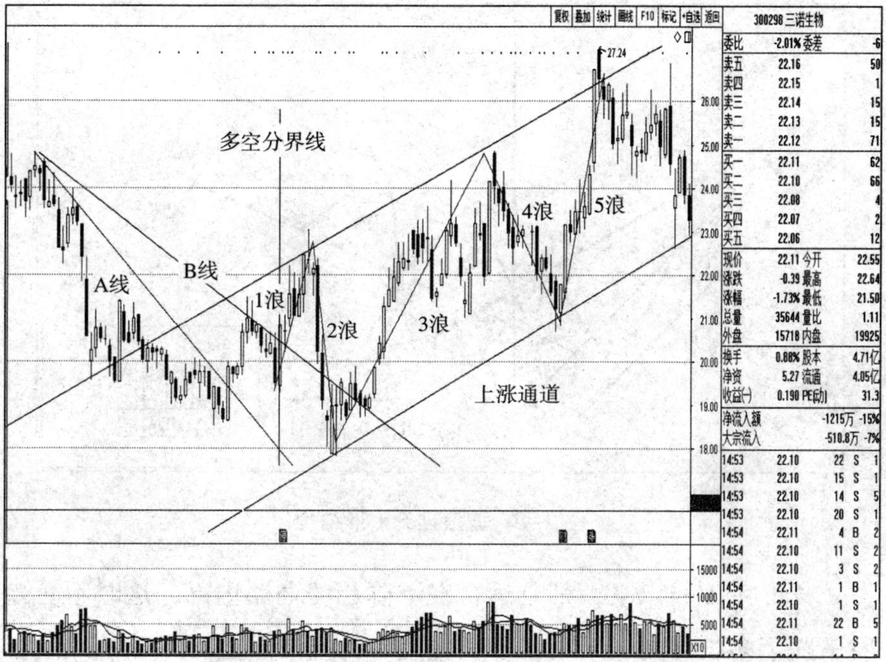

图 1–7　三诺生物（300298）

个浪形的下跌。按照波浪理论的说法，股价走势就像四季交替一样，是八浪结构周而复始地循环的。

这里有必要说明一下，在多空分界线的前后高低点，命名为 1 浪结构。千人千浪，万人万浪，市场上对浪形的划分没有一个明确统一的认识，但是趋势量化交易系统给出了一个量化的判断标准，也就是在多空分界线前后的低点与高点，这一波称作起始 1 浪。

突破 B 线买入股票，做的是上升 1 浪的行情。这里讲的抓涨停，涨停股价应处在 3 浪或 5 浪的平台突破起爆点。抓涨停板只抓涨停启动板，抓确定涨停的股票，做的是行情走势中的强波段和强 K 线，然后再结合题材热点分析上涨空间大小。也就是说，平台突破三五浪抓涨停这一操盘手法，做的是风口浪尖上的上涨个股。

下面再为投资者讲解一下波浪理论的浪形结构，如图 1–8 所示。

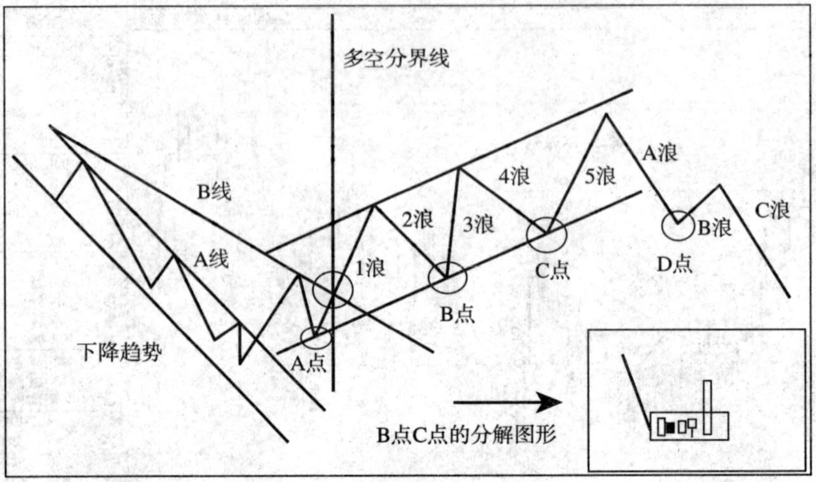

图 1-8 波浪理论浪形结构

股价在 A 线以下，都是运行在下降趋势通路内部，这时不管该股下跌了多长时间，下跌了多大幅度，都要规避趋势下跌的风险，避免介入。

当股价突破 A 线之后，会有一个冲高回撤的过程。通过冲高的高点，画出一条直线，这条线暂且称作 B 线。当股价突破 B 线之后，就意味着下降趋势彻底结束了，行情将进入到一个上涨趋势。

股价突破 B 线的那个点，这里把它命名为多空分界点。经过这一交叉点画出一条垂直线，垂直线前后的高点与低点之间的走势，这里定义为上涨 1 浪，之后会形成一个小的 5 浪结构。

5 浪行情结束后，会有 A 浪下跌和 B 浪反弹，然后再走 C 浪下跌。A、B、C 三浪定义为下跌调整浪，其中 A 浪下跌，B 浪反弹，C 浪就是主跌浪，有时候下跌调整浪的下跌幅度是十分惊人的。

图 1-8 中出现了四个买点，分别是 A 点、B 点、C 点和 D 点。平台突破三五浪抓涨停，就是寻找 B 点的位置和 C 点的位置介入。在这个位置抓涨停，不能提前埋伏，埋板不同于打板，埋板没有确

定性。也就是说，平台突破三五浪抓涨停，是看到行情在 B 点、C 点这两个位置出现平台突破时，有了明确的信号才去开仓打板，顺势跟庄，不能随心所欲地提前行动。

很多人炒股失败，原因就是犯了想当然的毛病，凭借先入为主的感觉和一腔热情进场，争着向前，唯恐落后，结果进场后行情却没有上涨，有时还可能出现下跌。由此也可以看出，贸然进场是不可取的。

下面把 2 浪这个调整浪拿出来进行细化分解。2 浪开始下跌后，在下跌的末期，末端会形成一个小小的平台，股价在下跌企稳构筑了一个平台后，往上突破该平台达到临界点，当日股价上攻，涨幅大于 7%，或者涨停板打开后即将涨停时，就是本方法所讲的抓涨停板的位置。

讲到这里，投资者应该有一个感觉，也就是在 B 点、C 点之后，会有一个持续的上涨力。3 浪是主升浪，股价一般都有很大的上攻动能。对于 5 浪，在 A 股这个很有特色的市场，大多个股的涨幅会大于 3 浪，因此这个点位股价上攻的潜力更强大。3 浪、5 浪启动位置不但是打板的位置，也是抓一波行情起爆点的位置。

在这个位置抓涨停板，成功率在 80% 左右，这个概率已经很高了。就算打板入场后股价当日没有涨停或最终没有封住涨停，在这个位置入场一般来说也不会被套，根据五浪结构分析和 3 浪、5 浪主升浪结构特点，后市的涨幅往往是非常惊人的。

这里有两个重点。

（1）B 点必须是 3 浪，C 点必须是 5 浪。

（2）股价上涨回踩，回踩结束时形成了一个小的盘整平台，最终股价以涨停板的方式突破盘整平台并启动主升浪。也就是说，平台突破和启动上涨时，个股当日涨幅达到 7% 的临界点，比如涨到 8% 或 9% 时，可以大胆买入。另外，涨停走势必须对盘整平台进行了突破。如果当日涨幅只有 2% 或 3%，买入之后能涨停吗？概率太低了。但如果涨幅达到了临界点，打板成功率就会大大提高。

日常盯盘时，也会发现一些股票出现了涨停，这些股票涨幅达到 7% 的临界点时，是否能够买入呢？这时要看它是否符合波浪理论 B 点或 C 点启动这一条件。如果不符合这个条件，就要过滤掉。

下面举一些例子，给大家逐一进行讲解。

如图 1–9 所示，新宏泽这只个股在 2018 年 5 月 9 日出现了涨停，它是平台突破三五浪抓涨停的目标个股吗？下面来分析一下。

图 1–9　新宏泽（002836）

先画出一条 A 线，A 线为下降趋势线。当股价从底部涨上来突破了 A 线，之后价格冲高回落，将这个阶段性高点与顶部的高点连接成一条直线，就有了 B 线。

当股价再次突破 B 线时起爆，这个位置是不是抓涨停板的位置呢？不是。可以很明显地看出，该股走势属于A点起爆，而平台突破三五浪抓涨停，起爆点是B点和C点。3浪和5浪这两个大的浪形结构，起涨时介入的成功率高，收益率高，稳定性高。实战中，对这“三高”的把握一定要严谨，尽量符合形态标准。

在掌握了趋势量化交易系统以后，大家会知道什么位置是价格起爆的位置。

如图1–10所示，超图软件出现涨停之前，股价已经涨了这么多，这个位置是不是平台突破三五浪抓涨停的位置呢？也不是。

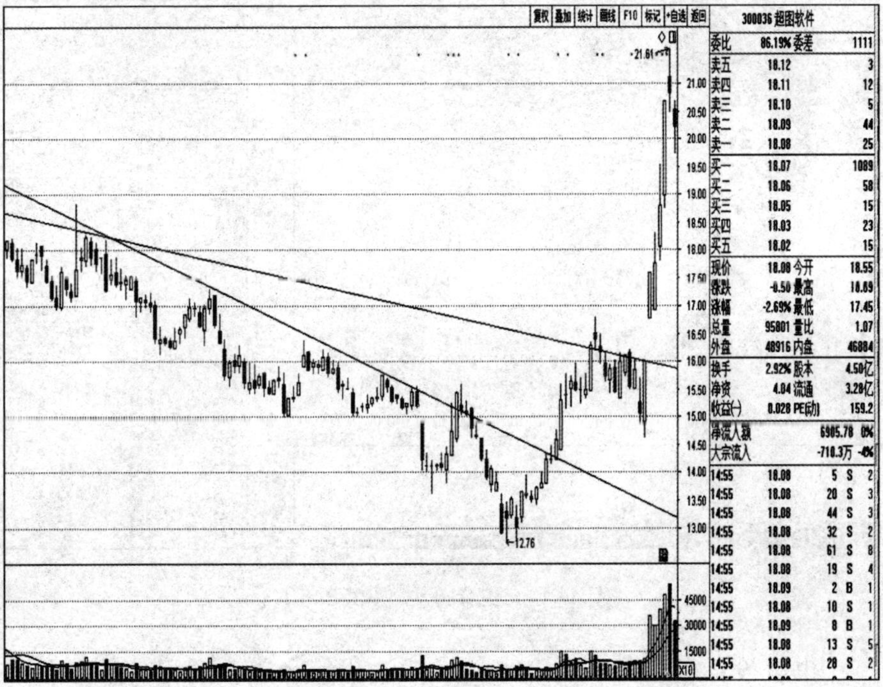

图1–10 超图软件（300036）

涨这么多也不是吗？对！在这个位置抓涨停的技术要点，后面会详细讲解。盘中抓涨停，无外乎本书讲解的八种方法，下面会逐一讲解。

平台突破三五浪抓涨停，必须要满足三五浪的特点。如图 1-11 所示，红宇新材连续走出 3 个一字板，虽说大家买不进去，但可以分析一下它的起爆点是不是平台突破三五浪抓涨停的技术形态。根据形态分析，这种走势也不是平台突破三五浪抓涨停的技术形态。可能有的投资者会问，这么多涨停板怎么也不是呢？答案是因为它不符合技术形态的要求。不符合就是不符合，形态分析和实战交易一定要严谨。

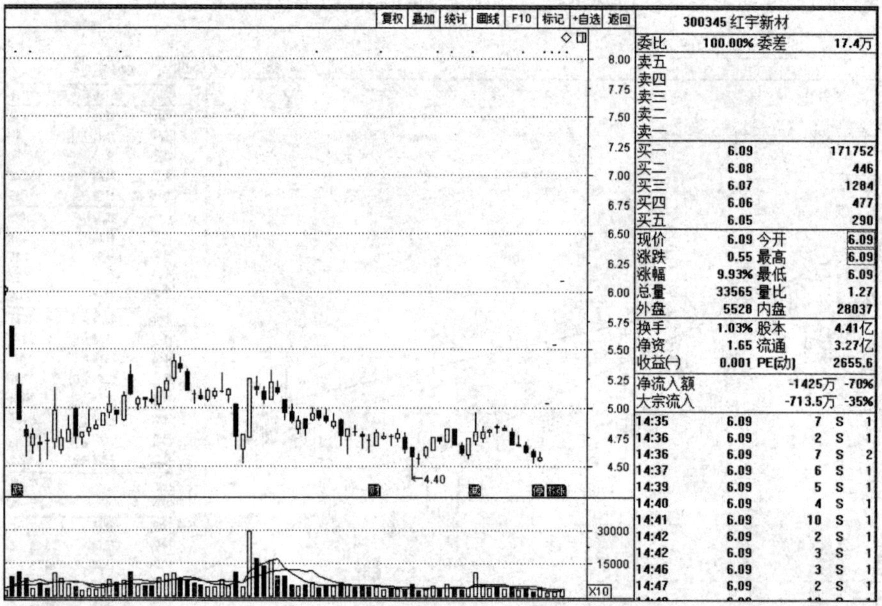

图 1-11　红宇新材（300345）

也有投资者会问，这个涨停板战法我怎么找不到符合条件的股票呢？这是由两种情况造成的，一是你没有用心复盘去寻找，二是大盘行情走势太弱造成的。平台突破三五浪抓涨停的技术形态，在强势行情中可能会多一些，在弱势行情中，符合形态的个股就比较少了。

如图 1–12 所示，友讯达这只个股的走势，就是这里所讲的平台突破三五浪抓涨停的技术形态。

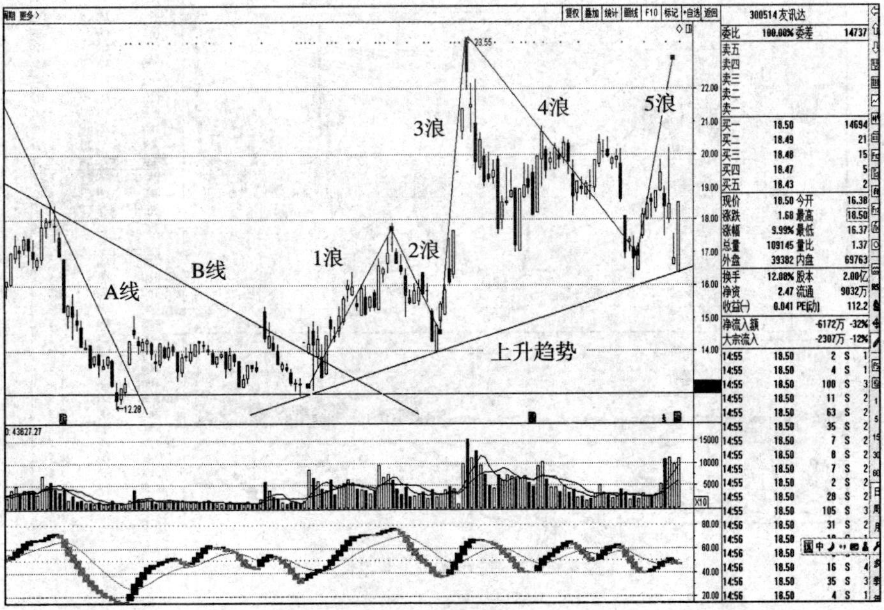

图 1–12　友讯达（300514）

如图 1–13 所示，晓程科技在 3 浪的起点有一个盘整平台，突破平台时收出了一个涨停板。5 浪启动的起始位置，形成了一个底分形结构，6 月 14 日出现的涨停，就是我们要抓的平台突破三五浪涨停。

在盯盘过程中，当日别管股价能不能封上涨停，只要它向上攻击，突破盘整平台，当达到涨幅临界点的时候，就是发出的买入信号。实战中信号就是命令，见到信号要果断买入。

如图 1–14 所示，晓程科技 6 月 14 日走出的涨停走势，就是 5 浪行情启动标志，在股价攻击到 7 个百分点涨幅的时候，市场雷达会在盘中及时跳出来发出提示。投资者发现这只股是平台突破三五浪抓涨停的技术形态，应果断跟进。第二天，在大盘弱势的行情下，该股又收出一个涨停。

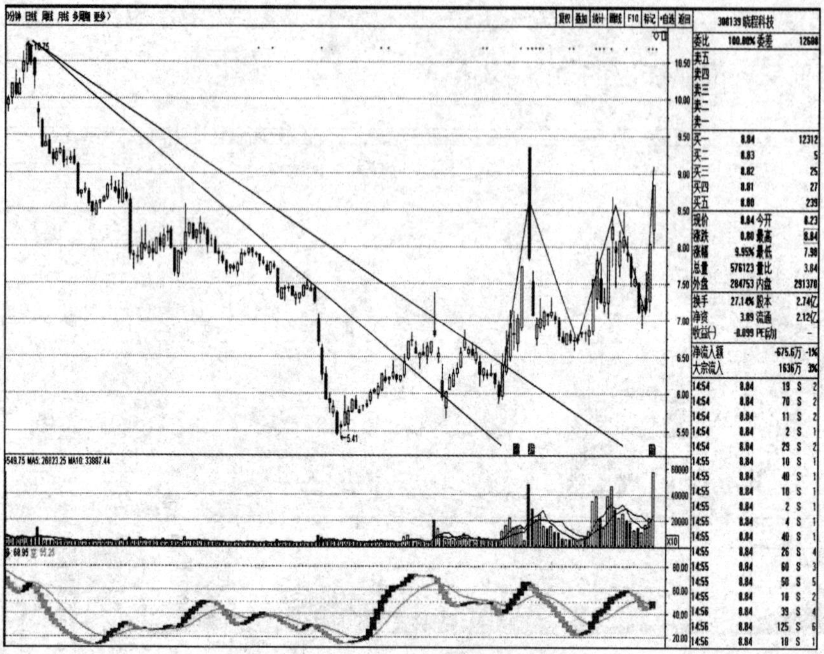

图 1-13　晓程科技（300139）

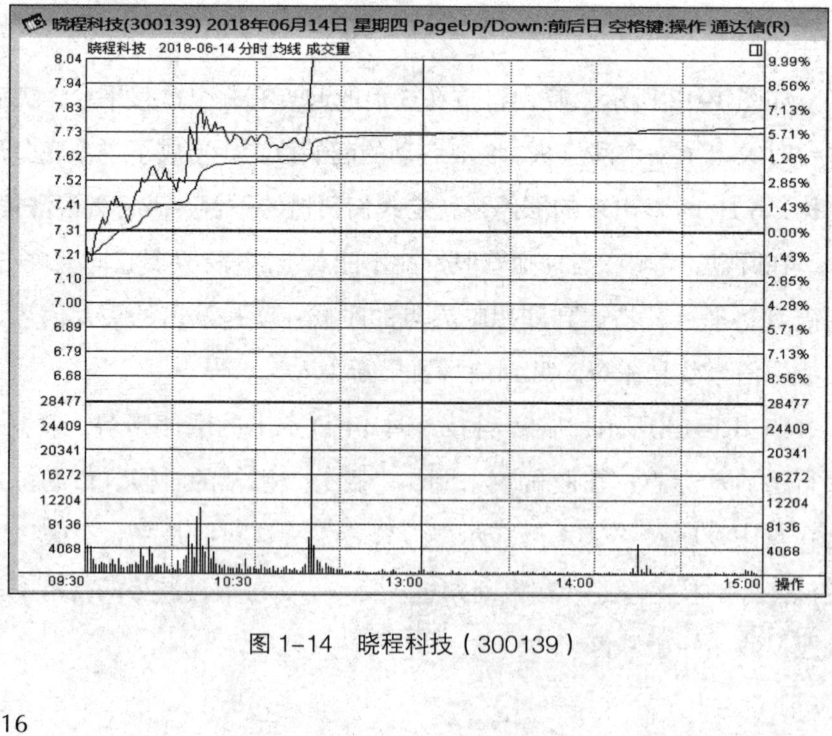

图 1-14　晓程科技（300139）

第一天即6月14日涨停时，按平台突破三五浪抓涨停的技术形态介入叫打板，第二天即6月15日股价强势上攻时追进叫追板。第二天找个买点追进去是没有任何问题的，因为该方法就是做的主升行情。

行情是活的。股票运行都有一定的周期，在某个阶段有某个阶段的特性。本书之所以教授这么多涨停板战法，是因为每一个战法在不同的时期有不同的用法，也就是说，十八般兵器各有各的特点。

图1-15是晓程科技第二天追板的分时走势图。分时线最低点刚好回踩到了前一天涨停的价格，然后股价就拉起来了。棋有棋谱，股有股谱，看懂了股谱，持有这只股票的不会盲目卖出，没有持股的就会大胆参与进来。学会技术形态分析，就告别了瞎买瞎卖的操作。

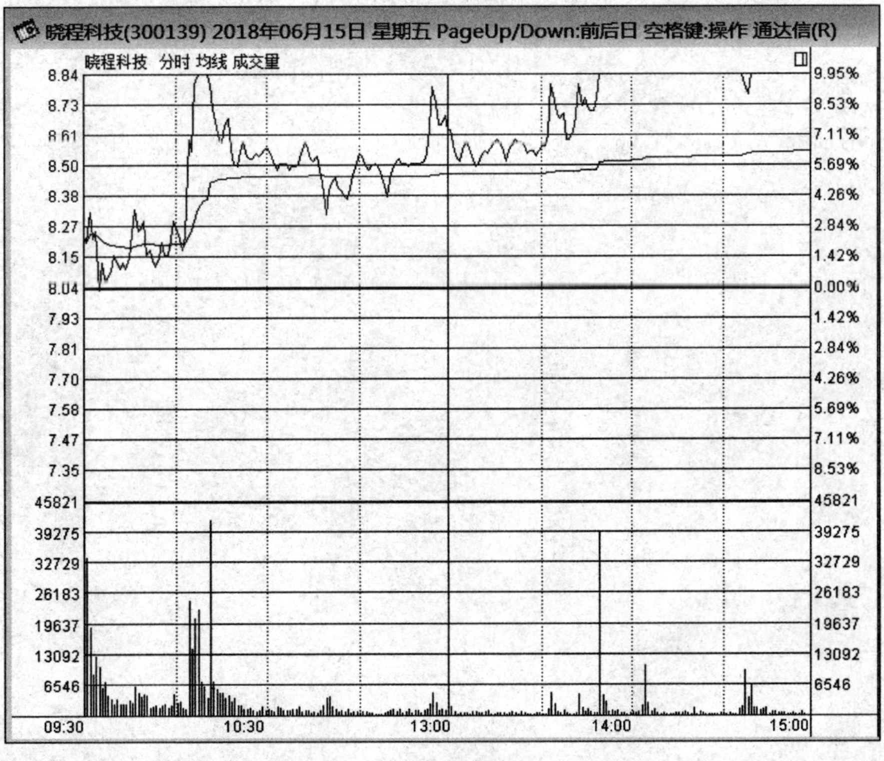

图1-15 晓程科技（300139）

盲人摸象，只会以点代面，以偏概全。不谋万世者，不足谋一时，不谋全局者，不足谋一域。

【股神讲述】抓涨停板是很激进的操盘手法，要求艺高人胆大。入市不久的新手或反应慢的操作者，应先学习先模拟，把基本功练扎实了，再去做实盘。炒股不但要有知识，还要有经验。学费是不能让别人代缴的，只有亲身经历了，对自己才是一种锤炼与历练。

第二章　元宝坑抓涨停

提到“元宝”一词，相信大家脑子里都会出现一个元宝形象。金元宝，银元宝，珠光宝气，寓意着财富。元宝在古代是一种货币支付介质，在股票市场中，元宝坑则是一种具有巨大上涨潜力的股票技术形态。

股票涨停走势千变万化，在各个位置出现的涨停不胜枚举。如果把涨停作一个形态分类，全部列出来大致有 20 多种。其中后市大概率继续上涨的，无外乎本书讲解的 8 种类型。

元宝坑战法在八大涨停板战法中的排序靠前，是成功率很高的一种抓板战法。元宝坑战法的技术要求并不高，只要符合图形特征就可以了。

关于元宝坑，首先要知道这个形态，元宝坑形态有以下两个技术要点。如图 2-1 所示。

第一，右坑的角度必须比左坑抬高。元宝坑不需要三个底、四个底，只需要有两个底就满足形态要求，但要点是右坑的底部要抬高。拿过来一个图形，大家要能够熟练地分辨出元宝坑的技术图形，最好做到一眼即能确认。

第二，技术形态上，要求股票 K 线走势先上破年线，然后再下破年线。

其中第一个技术要点，是保证技术形态具备元宝的样子，并且这个元宝的整体形态是向上倾斜的。

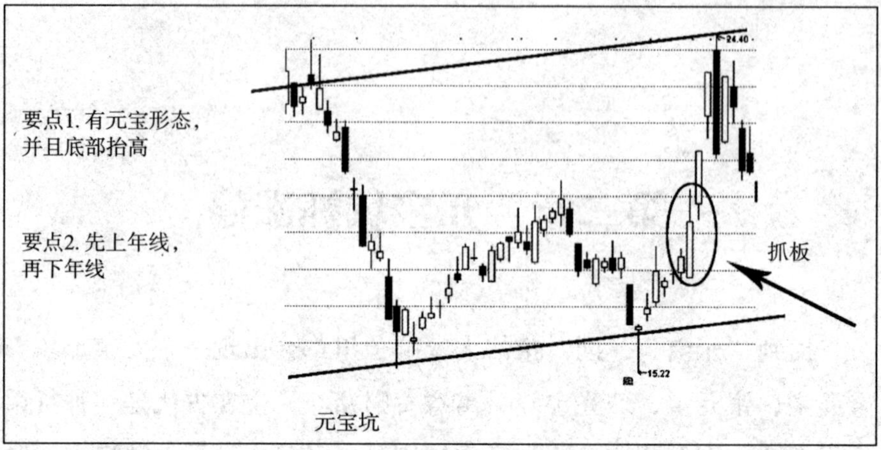

图 2-1　元宝坑技术形态

股票技术分析，难免涉及形态与结构。这种所谓的形态，其实是股票某种趋势的表现形式，对于交易者来说，趋势就是市场的灵魂。元宝坑是股票大幅上涨之后，下跌—上涨—再下跌—再上涨形成的一个宽幅震荡趋势。

明确了趋势，在第二个底部守株待兔，等它再次向上攻击，获利不就是轻而易举的事了吗！

元宝坑，某种意义上可以称为震荡箱体。但是，在股价运行到右底筑底阶段，还没有走出右底右侧的上涨走势以前，大家是看不到元宝形态的。交易者对市场走势要有想象力，当大家学习了这里讲解的右底技术要点后，当市场再次出现这些技术特征，就要由元宝坑雏形联想到演变成元宝坑终极图形的可能性，借用缠中说禅的话说：走势最终必完美。

大家不能等到元宝坑行情走完，才看出行情走的是一个元宝坑图形，那时对于抓涨停来说就太晚了。在图 2-1 圆圈标示的这个位置和节点，就是元宝坑抓涨停板的主要位置。市场走势中，这种元宝坑形态经常出现，只不过大家没有注意或很少意识到而已。

图 2–2 为中环股份的 K 线走势图。大家静下心，仔细看一看，其实图中已经有了元宝坑的雏形，但元宝坑的技术形态还没有完成，也就是目前股价还没有涨上去。等股价涨上去，就是完整的元宝坑图形了。目前该股右底底部有所抬高，这一点非常重要。如果该股右底没有抬高，那么后市的涨幅会大打折扣。这是该形态的第一个要点，确认此股的涨停买点，还需要收出一根大阳线。

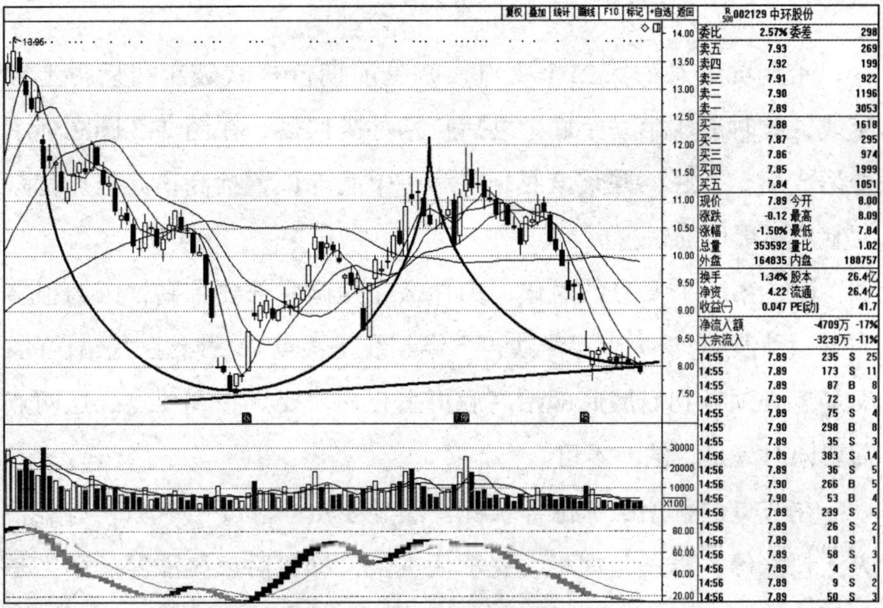

图 2–2　中环股份（002129）

下面用示意图的方法讲解元宝坑抓涨停的第二个技术要点，如图 2–3 所示。

图 2–3 中，水平线代表的是 250 日平均线，业界称为年线，也叫做牛熊转换线。不是任何一种走势都叫做元宝坑，它的定义必须严谨。做股票要想赚钱，就不能粗心大意，随意降低技术形态的标准，否则会加大失误的可能，降低成功的概率。

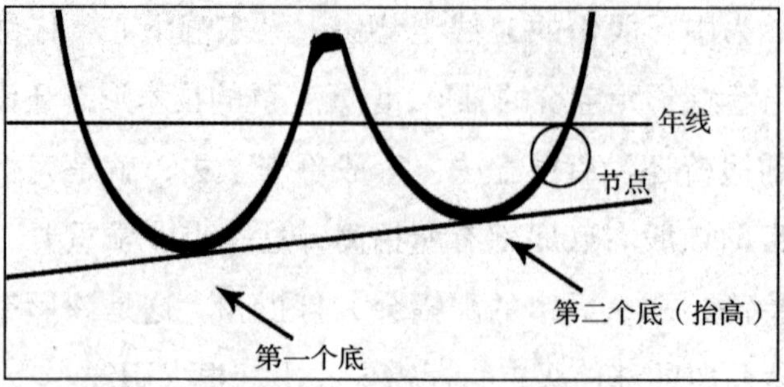

图 2–3

元宝坑形态的第二个要点，就是前期价格跌破年线后再上穿年线，此时形成第一个底。之后价格冲高回落，在图 2–3 圆圈标示处形成第二个底，并且该底相对第一个底部位置抬高，此节点就是元宝坑抓涨停的位置。

讲述第一个要点的时候，为什么先强调底部要抬高，因为很多人有一种误解，认为上穿年线再下穿年线是买点。这种想法是错误的，交易者必须见到右底底部抬高后再去介入。要点一和要点二这两点需要同时满足，缺一不可。

在节点位置怎么抓涨停板呢？满足要点一和要点二后，有三种方法抓涨停。第一是埋板，先埋伏进去，等着后市拉涨停。第二是打板，也就是在这个位置看到行情起爆了，直接打板。第三是追板，但是元宝坑形态不适合追板，尤其是三板、四板，有追高的风险。

在元宝坑这个形态中，最好的操作策略就是前两种，要么埋板，要么打板，尽量不要追买。元宝坑这个形态上涨比较曲折，涨势比较慢，涨涨跌跌，来回反复，不像多头趋势中的爆发，股价“蹭蹭”地往上涨。

可能有交易者会问，那为什么还要做这种形态呢？如果一只股票你埋板成功了，获利 30%~50% 是有可能的，但它只会慢慢地以小阳线的方式往上涨。这种走势的特点就是空间大，适合波段潜伏。对于很多交易者来说，埋板是非常合理的操作策略。当元宝坑的雏形走出来后，提前埋伏进去，持有一段时间，并且这个时间还不会太长，就会有很大幅度的获利。

介绍了以上两个要点以后，下面重点讲解在节点位置都有什么“故事”。元宝坑形态有大坑、小坑、复合坑之说。

如图 2–4 所示，在中环股份的历史走势中，就曾出现过元宝坑的技术形态，K 线图中有左右两个大坑，左右两个大坑里都嵌套了两个小坑，这两个小坑称为复合坑，中环股份这个元宝坑图形是对称复合坑。这种形态在市场中经常出现，交易者如果用心复盘去找，就能够及时地捕捉到。

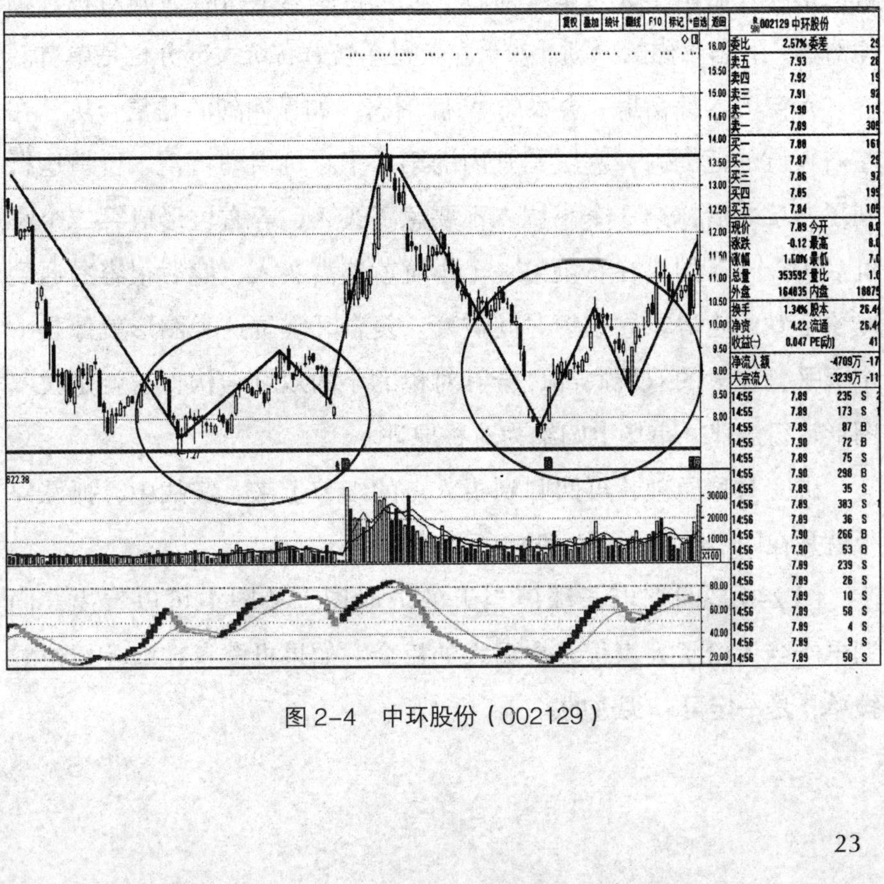

图 2–4　中环股份（002129）

从图 2–4 中不难发现，不管是元宝坑的两个大坑，还是左右大坑内的两个复合坑，第二个底部都出现了不同程度的抬高。

也有简单一点的元宝坑，比如左右两边都是简单的坑。图 2–5 中同洲电子就是两底单坑起爆。在走出涨停板的节点，大家是否能预见到完整元宝坑形态呢？实战交易中，不能等到行情走完了才看到个股走出了元宝坑形态，要在行情刚刚启动的时候，就能预见到未来的上涨走势和技术图形。起爆点起爆之后，后边的行情走势都是靠想象了。

主力操盘有时思维也带有惯性，这和操盘手的年龄、性格以及操盘经验、操盘手法还有市场反应有关。假如元宝坑在左坑形成的是一个复合坑，在后期的行情走势中，九成会在右侧走出一个复合坑图形，左右两个大坑基本对称。元宝坑基本上符合时间对称、幅度对称、形态对称的原则。如果左坑是单坑，右坑大部分也是单坑。

元宝坑本身就是一个大的 W 底形态。如果遇到的是复合坑，在左右大坑的范围内，左坑是其内的第二个小坑启动行情。行情运行到了右坑之后，第一个小坑先不要急于买入，等右坑形成第二个小坑后再介入。如果在右坑第一个小坑就追高买入，此后很容易遇到股价下跌的走势，导致短时间被套。复合元宝坑这个图形就像是一个天平，在大的双坑底部，会有对称的小的双坑结构，这就是技术图形运行规律，市场上归纳为对称原理。

讲完对称原理，再回归到买入点的细节上来。实战中，抓涨停板就是在图 2–5 中圆圈处涨停板的位置买入。

图 2–6 是同洲电子涨停当天的分时图。从图中可以看出，同洲电子当天给了大家很多次买入的机会。如果投资者在涨停板位置挂单，是一定可以买进的。

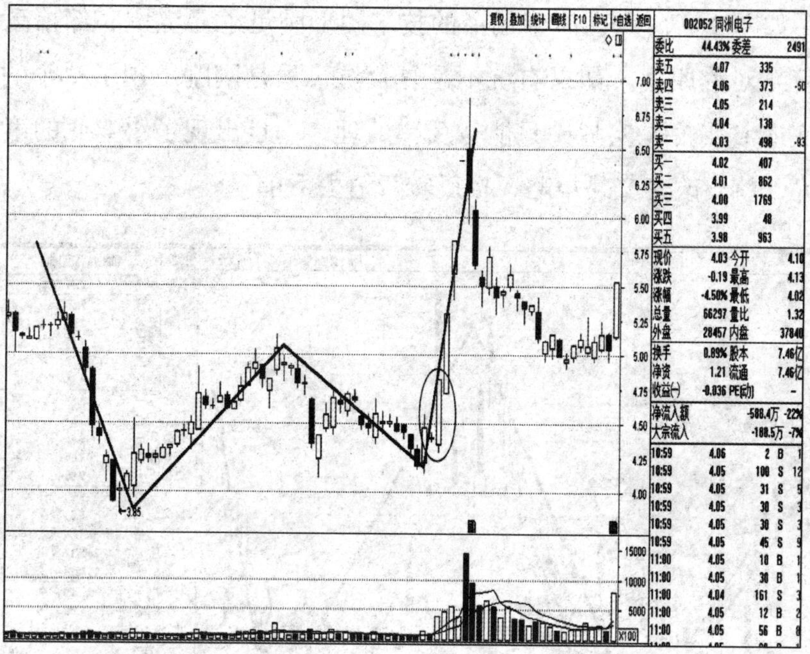

图 2-5　同洲电子（002052）

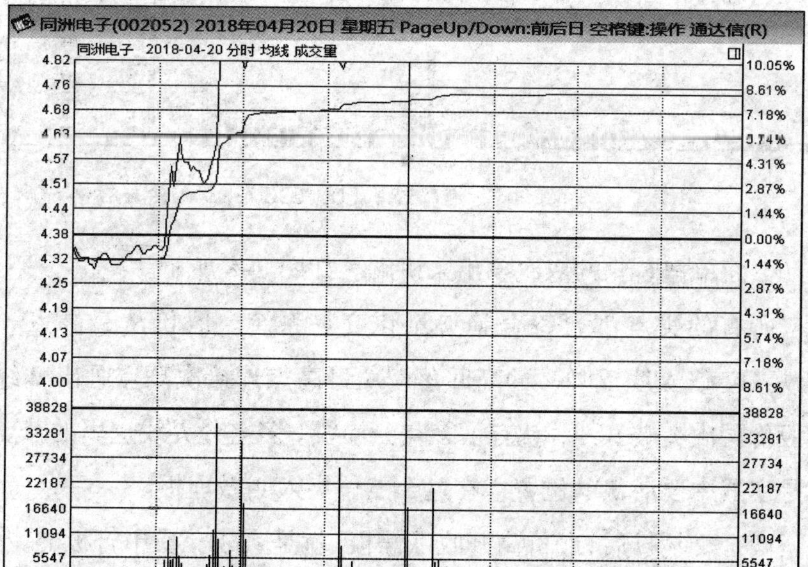

图 2-6　同洲电子（002052）

如图 2–7 所示，海南瑞泽的技术图形满足了元宝坑底部抬高以及复合对称原理。如果右坑不是复合坑，只是刚刚出现了单个的 V 形底或 U 形底，实战中只能按反弹处理。一旦出现了小双底的第二个底，就要改变交易策略，按反转行情去下单。

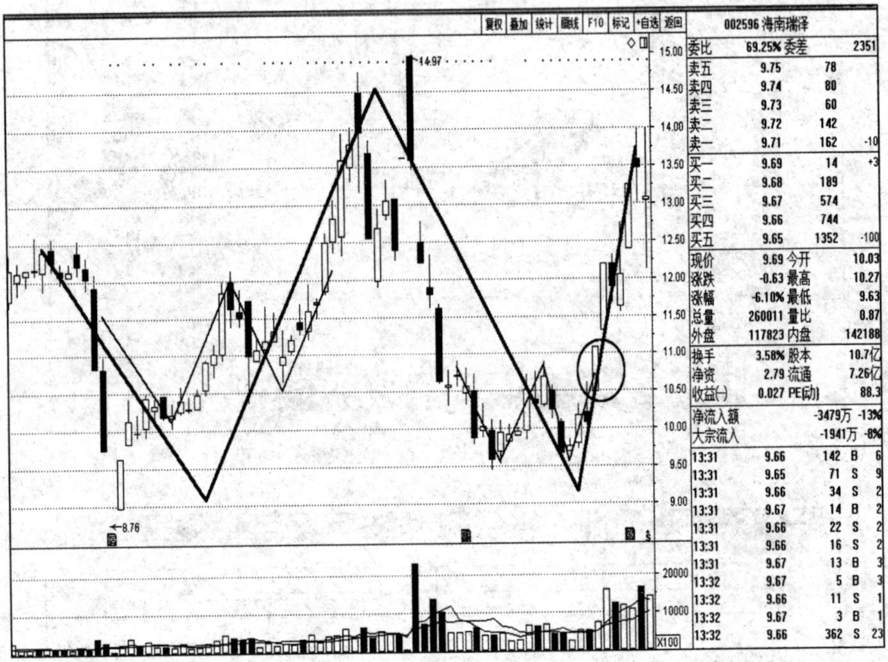

图 2–7 海南瑞泽（002596）

下面单把右侧的双底拿出来讲解。如图 2–8 所示。

所有的买点都要符合趋势量化交易系统。股价从最高点一路下跌，突破 A 线反弹，冲高回落。从最高点连接次高点画出 B 线，当股价再次突破 B 线，就有了多空分界线。多空分界线这里的节点，就是实战中要潜伏的位置，在这个点位买入叫做埋板。

两个交易日后，股价高开收涨停板，就是实战交易中打板的位置，大家要熟练运用本章所讲的元宝坑抓涨停战法。

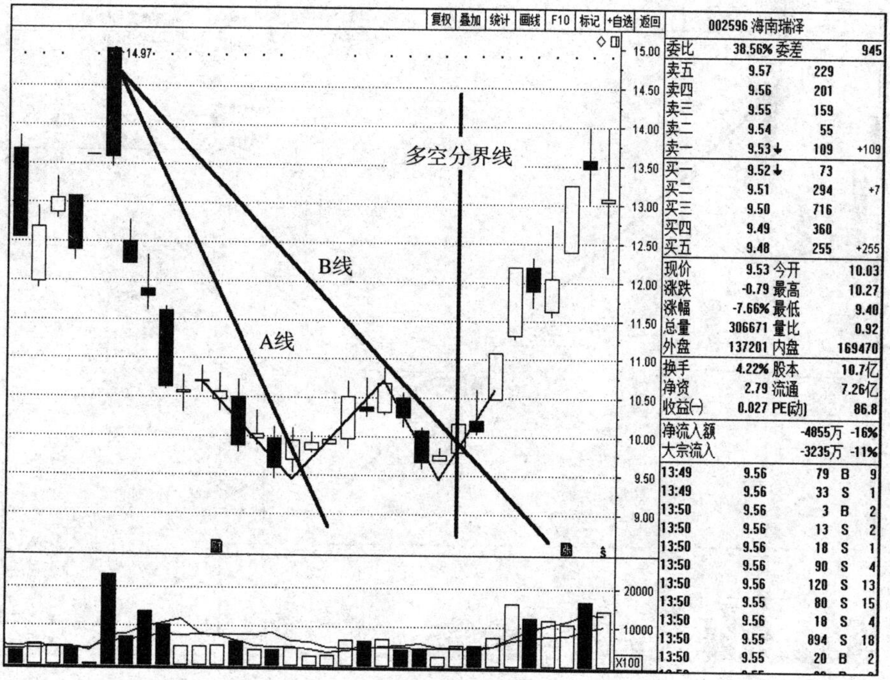

图 2-8　海南瑞泽（002596）

股票的上涨都有特定的模型，每一个模型未来都有可以预期的获利空间。元宝坑形态介入之后，后市的走势一般表现为宽幅震荡，上升空间大致在宽幅震荡大箱体顶部的压力位。也就是说，大箱体顶部的压力位为交易了结点。

趋势量化交易系统具有很强的可操作性，这种交易方法能够预知股价大概率要往哪个方向走，预知个股未来的涨幅大概是多少。

现在再着重讲解一下突破 B 线时的买点。如图 2-9 所示。

不知道大家是否发现了一个问题，就是在右坑的第二个小坑位置，K 线图上会形成一个底分形，形成底分形后向上攻击。如果此时对于后市的行情能否出现上涨还没有十足的把握，只能猜测行

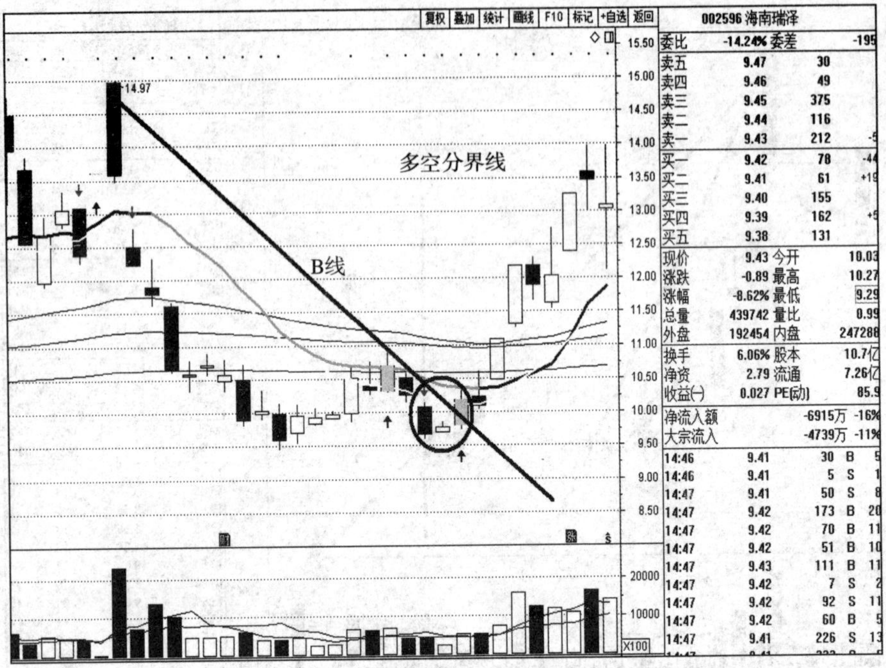

图 2-9　海南瑞泽（002596）

情大概率向上涨升，那么走出第一个涨停板，就是上涨行情确立的标志。此时股价会放量突破下降趋势线和操盘线，这就是所说的非常有战略意义的放量双突破。

股价走势有很多种，K 线形态组合也千变万化，但买股首先要买突破下降趋势线的个股。就算股价已经突破了操盘线，如果没有突破下降趋势线，也不能算有效突破，因为趋势线才是股价最重要的压力线。

启动上涨行情的涨停板，会伴随着成交量的有效放大。市场上有各种指示交易者买入的信号，有按照突破买入的，有按照题材热点买入的，也有纯粹以短线交易模式买入的。对于本书读者来说，技术图形符合本章技术要点的，就按元宝坑抓涨停战法来买入。

图 2-10 是隆华节能的 K 线走势图。从图中可以看出，该股走势是上穿年线，下穿年线，底部不断抬高。那么这只股票的技术形态是不是元宝坑呢？

这只个股的走势在元宝坑形态要点上差了那么一点点，也就是说，在右侧的大坑中没有出现复合对称底，而是单坑直接向上涨升，然后走出一个高位震荡行情。

对于这种形态走势，实战中能不能买入呢？大家如果做的是元宝坑抓涨停，那么越符合元宝坑的技术要点，走势形态上越相象，操作起来越有把握。形态看上去越是别扭，似是而非，做起来疑虑就会越大。

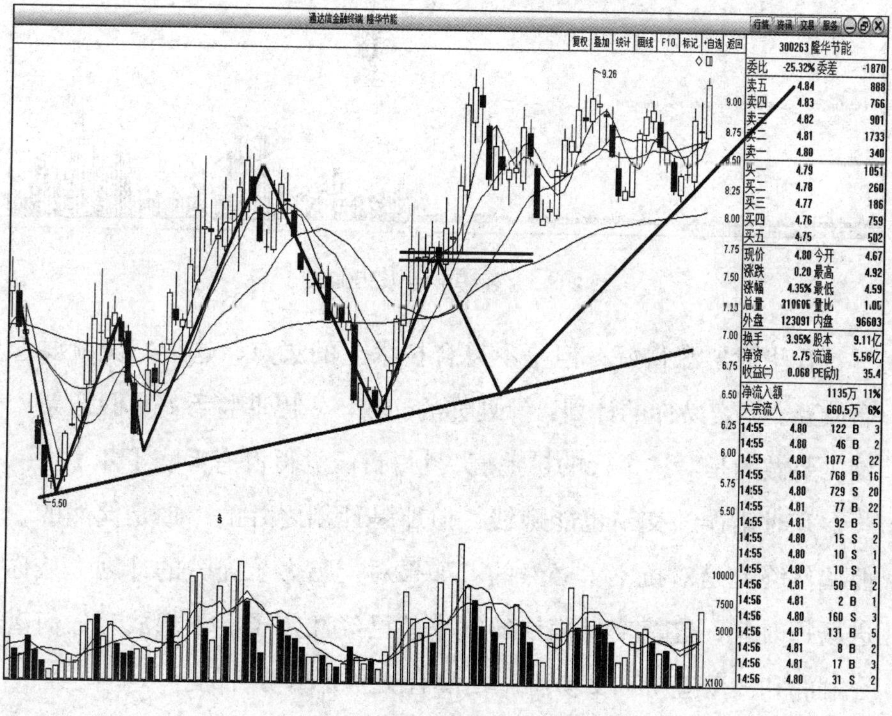

图 2-10 隆华节能（300263）

想介入这样的股票，就要用趋势量化交易系统去分析，看这只股票当时是不是符合买点要求。

如图 2–11 所示，画出 A 线和 B 线之后，大家可以发现 B 线的突破点位置太高了，不符合元宝坑抓涨停战法。

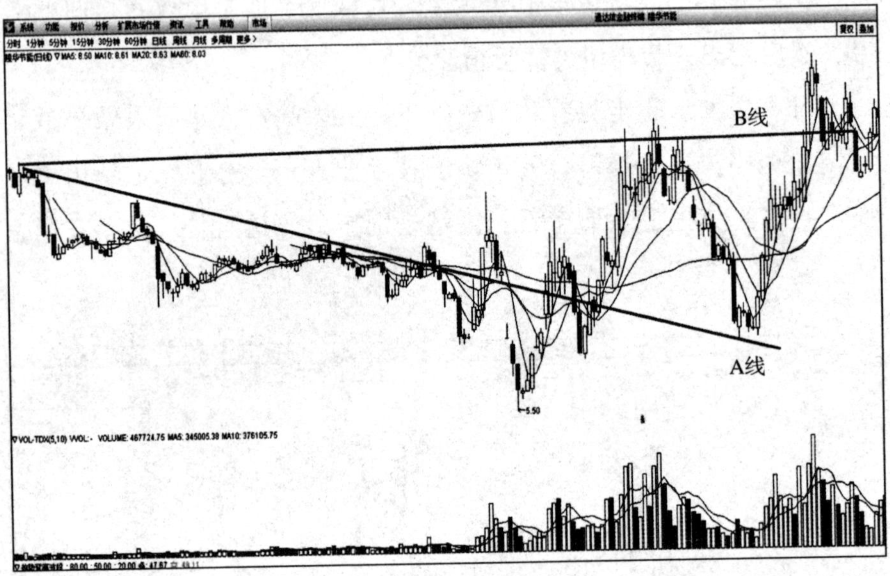

图 2–11 隆华节能（300263）

有些股票涨得好，但是不符合技术上的买点，这种情况就要忍痛放弃。“交易你的计划，计划你的交易。”巴菲特看好哪只股票，首先要做的是对这个标的挑毛病，挑得自己觉得没有毛病了才下手。

有时错误的交易也能赚钱，但那是计划之外的，也是偶然的，但偶然终究是对抗不了必然的。如果对交易做了充分的计划，从你进场那时起，这笔交易赚钱的概率就已经注定了。不想放弃任何潜在利润和波动差价的交易者，是没有交易逻辑可言的。

交易的方向、交易的理念与交易的哲学，才是金融投资的最高境界。总之，机会是市场给的，不是散户创造的。

如图 2-12 所示，民和股份在元宝坑中间的顶部形成了一个双顶形态，那么它还是元宝坑吗？是，一个顶的是元宝坑，两个顶也是元宝坑，两个顶属于元宝坑形态的变异。

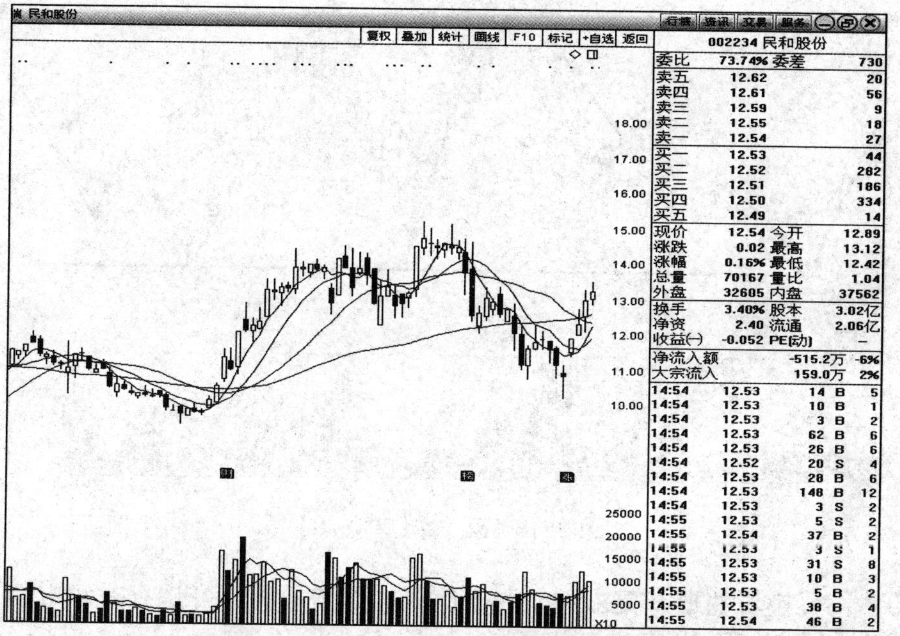

图 2-12 民和股份（002234）

只要图形符合元宝坑的形态要点，两个底相比右底抬高，股价向上突破下降趋势线并且站上操盘线，那么见到行情启动的大阳线，就要大胆买进，出现涨停板时要及时打板。一般来说，这样的形态走势都是可以获得盈利的，这个角度的上涨也都是向右上角方向发展的。

图 2-13 是盈方微的 K 线走势图。股价止跌以后上穿年线，也是形成了复合双顶，然后再下穿年线。在右侧筑底的时候打漏了一点点，这个形态是不是元宝坑，交易中是不是可以介入？

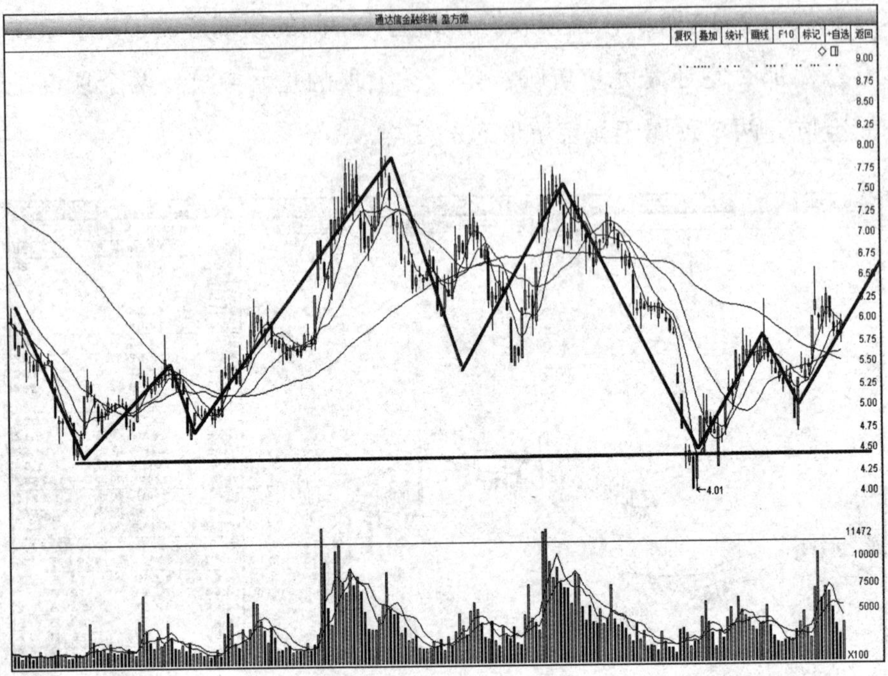

图 2–13　盈方微（000670）

元宝坑的形态要求的是两个底相比逐渐抬高，可是有时候市场走势就会给大家出点儿难题。出现以上情况，这时就要看形态要点中的另外几个条件能不能满足。对于技术图形，有时候允许打点小折扣，但是其他方面的表现就要明显和强势，能够盖过这个缺点。下面来仔细分析一下这只股票的形态细节。

在图 2–13 中水平连线以下，有一个向下跳空的小孤岛。如果忽略这个孤岛形态，底部就完全符合元宝坑的形态要求了。孤岛位置股价见底之后，很快就拉升上去了，因此这只个股的形态可以看作是一个元宝坑。

如图 2–14 所示，把右坑放大了看，盈方微的右坑有一个岛型反转，股价跳空低开，4 根 K 线之后又跳空高开，很快脱离了破位低点，其后紧跟着收出了一根绝地反击线。

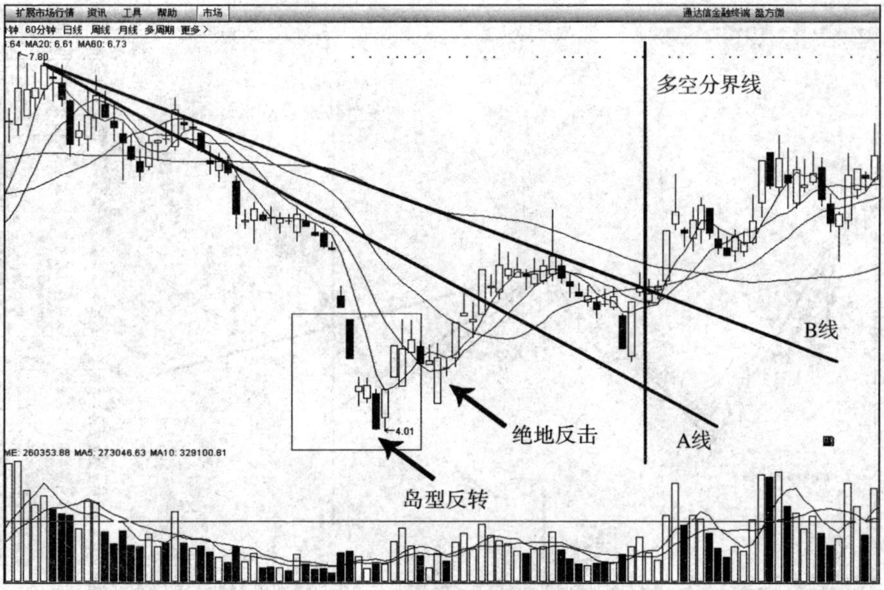

图 2-14　盈方微（000670）

市场是风云变幻的，只要这个图形基本满足两边对称复合底，右侧符合突破 A 线、B 线，是可以介入的。虽说右坑第一个小坑位置稍微有点低，但大家要考虑价格是怎么涨上去的。从时间和力度上来看，孤岛之后的走势表现得非常强势，因此可以当作元宝坑来对待。

技术图形最怕的就是跌下去以后一直在底部盘整，磨磨叽叽上不去，这种情况就比较弱势。如果见底以后股价干脆利落地就攻上来了，这种走势是不是表明主力做多态度坚决？由此可以得出结论，盈方微的这个元宝坑是可以参与的。

如图 2-15 所示，利尔化学的 K 线走势中也形成了一个元宝坑形态。元宝坑的形成机理是，当主力在某个时间段刻意拉升价格，并使价格站稳年线，之后再故意打压价格，使价格跌到年线以下，然后再拉上去，这种技术形态的股票后期容易出现大涨。当股价上

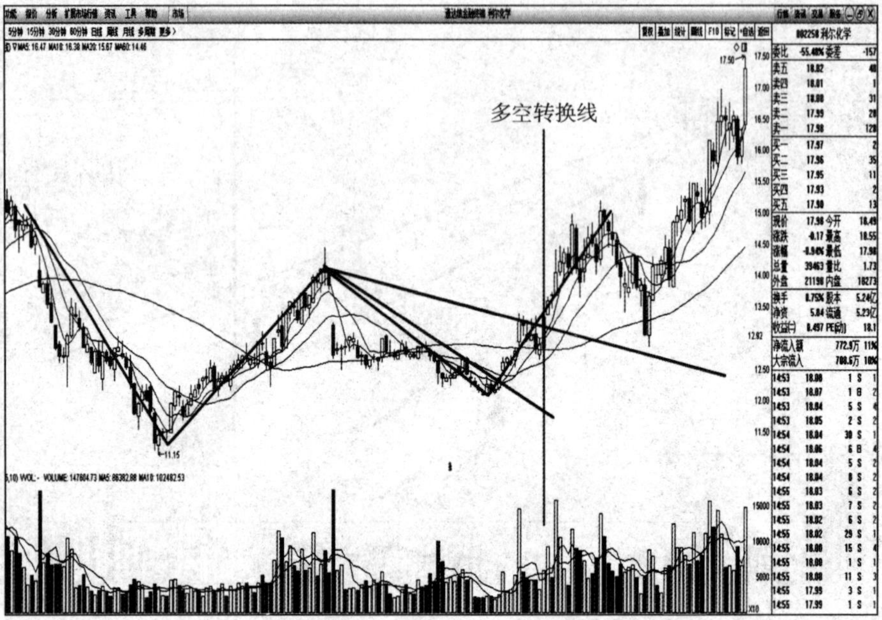

图 2-15　利尔化学（002258）

穿趋势线并上穿操盘线，成交量同时放大，这几点形成共振以后，即形成元宝坑后的强势上涨走势。

【股神讲述】元宝坑的形态特征如下。

（1）股价某个阶段的走势形成元宝的形态，上年线再下年线，右坑先出现左侧的一个下跌过程，中间是筑底形态，右侧则是启动反弹的上涨形态。

（2）在下跌过程中，成交量逐渐萎缩，筑底阶段的成交量呈现低量形态。之后股价反弹，成交量逐渐增加。

（3）元宝坑右坑的左侧，形态上可能会出现向下跳空的缺口，表明价格依然处于下跌走势。

（4）元宝坑右坑右侧突破元宝形中间高点位置，就是介入的点位。

第三章 三级跳抓涨停

三级跳抓涨停战法是将收益最大化的一个战法，该战法简单、易用，形态容易判断，并且介入后的成功率很高，买入后的持股稳定性也很高。

三级跳抓涨停有以下八个操作要点，这里先罗列出来，后面会逐一进行讲解。

（1）完美的底部结构。

（2）跳空是关键。

（3）前面有两个涨停是依据。

（4）三级抬高要看清。

（5）二分位的重要性。

（6）经典 K 线组合有几种形态。

（7）判断三级跳的提前量。

（8）固定的模式要坚持。

下面以实际案例进行讲解。

图 3–1 为国芳集团的 K 线走势图，图中总共出现了三次涨停，前面两次是单根 K 线涨停，第三次是连续涨停。对于这只股票的后期走势，预期经过一段时间的洗盘盘整后，未来还会大幅上涨，目前的下蹲就是为了之后更好地起跳。

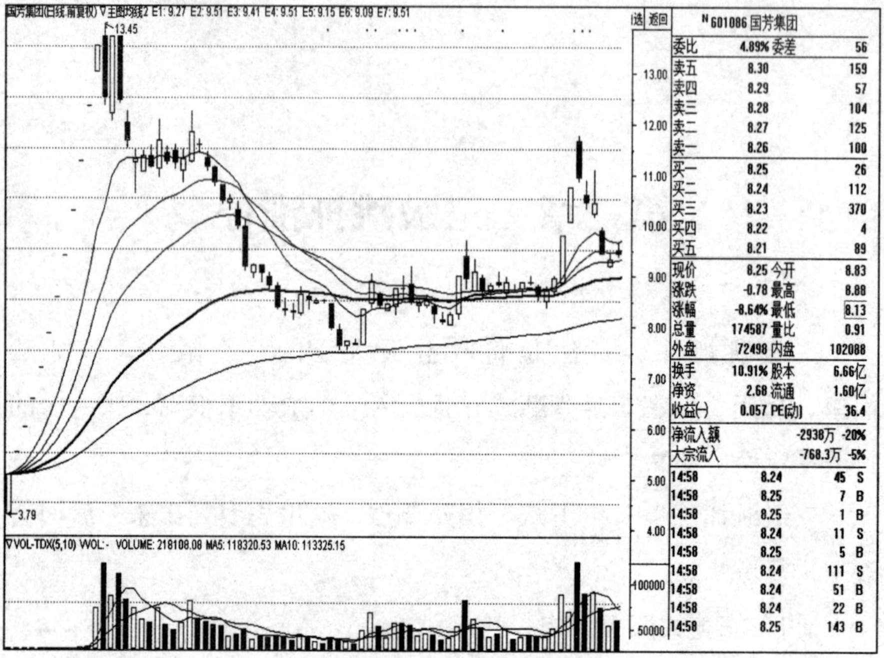

图 3-1　国芳集团（601086）

所谓的三级跳，就像运动场上的跳远运动员参加三级跳远比赛一样，一步一个涨停板，蜻蜓三点水，然后发起猛的一跃。话说到这儿，很多读者就会明白了，脑海中也有了一个概念，这就叫三级跳抓涨停。

如果大家盘中及时发现了国芳集团的形态走势，在该股第三次以涨停启动上升行情时，当天就要及时打板，第二天还要大胆追板，因为入场之后有稳赚的机会。此时大幅上涨的行情才刚刚开始，远远没有走完。

如图 3-2 所示，在张家港行的历史走势中，就走出了三级跳走势。股价第三次以涨停起跳时，也曾经连续拉出了三个涨停板。第三次出现涨停，就是神级反转信号，大胆参与有黄金。如果盘中发现了这只股票起涨冲涨停板，就应该果敢地买进，买入之后会有丰厚的收益。

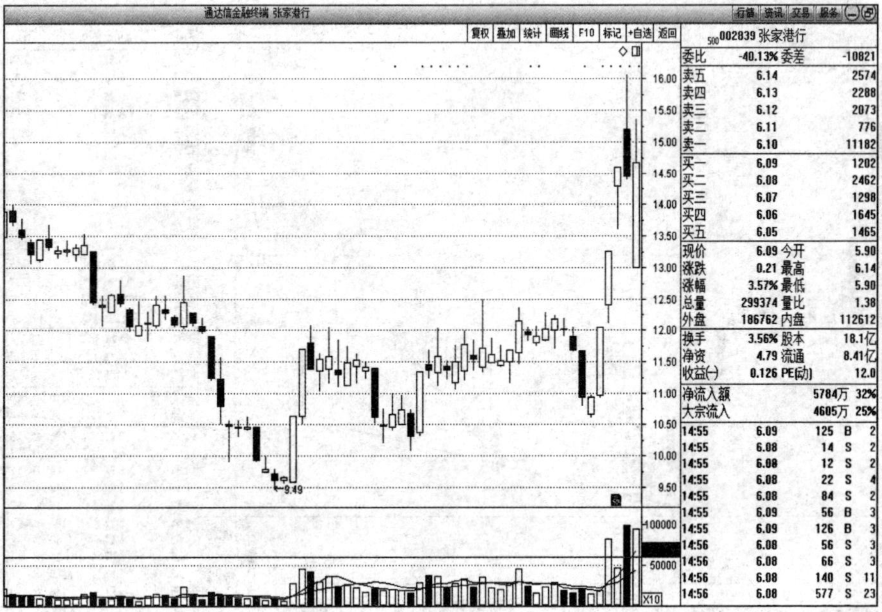

图 3-2　张家港行（002839）

以上两个案例中的技术形态都属于涨停三级跳，是两个比较经典的技术图形。

下面要讲的是三级跳抓涨停的第一个技术要点，也就是底部结构要完美。前面的案例中，无论是张家港行还是国芳集团，都有一个完美的底部结构。

所谓完美，就是底部结构在形态上达到完美。张家港行三个底部逐渐抬高，形成很漂亮的三重底结构，并且每一次见底的时间都在逐步缩短。

第一次股价下跌了很长时间才出现超跌反弹，收出了两个涨停板。第二次走出了平头底部形态，用了四天时间才走出了突破平台的涨停阳线。第三次仅收出了一根绝地反击线，然后涨停阳线就对阴线进行了反包，说明底部节奏一直在加快。

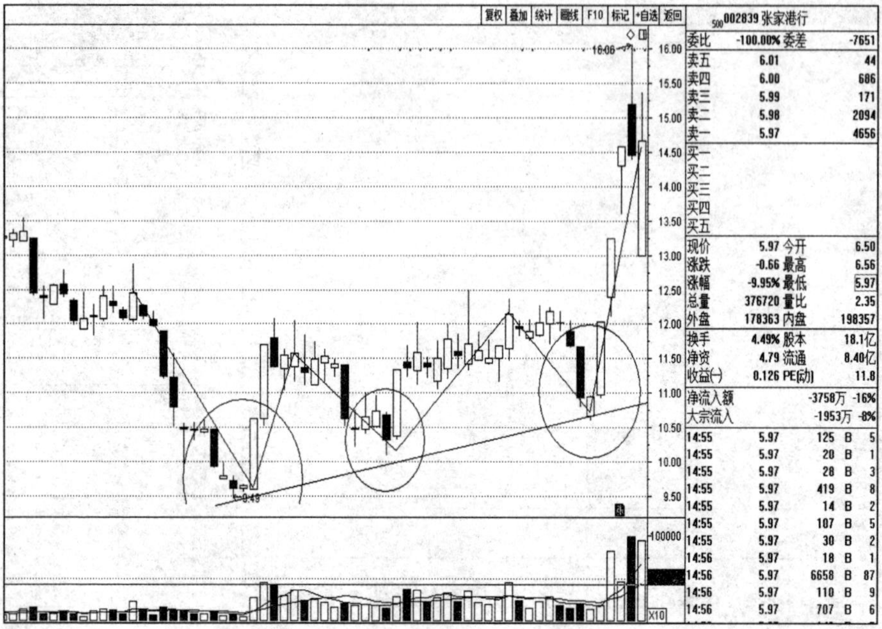

图 3-3 张家港行（002839）

就算没有看到后面的两个涨停走势，交易者心里也应该有这样一个概念，这只股票走出了一个完美的双底结构。完美的底部形态，是一只股票能否走牛的重要因素。

下面再来看看高斯贝尔的 K 线走势图，如图 3-4 所示，看看是不是同样具备这样一个完美的底部形态结构。跟上面的案例一样，就算没有看到后面的四个连续涨停走势，前面的底部形态也是相当完美的。

对于这样一个技术形态，投资者如果能把本章所讲的三级跳抓涨停技术要领烂熟于心，并且复盘研判过足够多的案例，那么这样的走势就是你可以大胆买入的标的股票。

好的股票走势不可能简单重复，也不可能是特别简单的图形，但是有些图形走势是可以复制的。找到高度相似的图形，然后对这些图形案例进行深入分析，总结归纳出普遍规律，在之后的临盘实

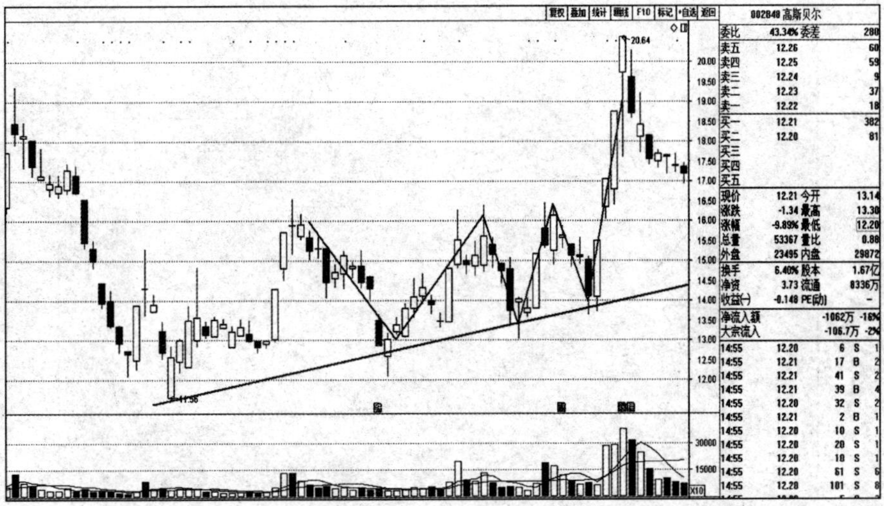

图 3-4　高斯贝尔（002848）

战中就能做到“盘中简单”。就像士兵上战场一样，拿起枪只需三点一线瞄准，然后直接扣动扳机就行了，无需再去考虑机械原理和其他因素。

完美的底部结构是涨停三级跳技术形态构建成功的一个关键。对于坚实的底部结构形态，交易者脑海里一定要有一个根深蒂固、不可磨灭的印象。这个漂亮的、完美的底部结构，交易者一眼就能够看出，这就是大家常说的底部不断抬上的双底或三重底。

完美的底部结构除了形态明晰以外，还包括底部不断抬高。如果底部没有抬高，一定算不上完美的底部。在三重底当中，底部三底持平的三重底算是中等品种，从强弱上讲算不上强势，只能说是标准图形。底部降低的图形则是淘汰的品种，只有底部逐级抬高的图形才称得上是完美。

所谓完美，就是三个底部要形成一条上升趋势线，三个底部逐级抬高。第三个底部出现涨停的位置，就是交易者买入的位置。这个完美的底部结构大家一定要熟记于心，俗话说“熟能生巧”。

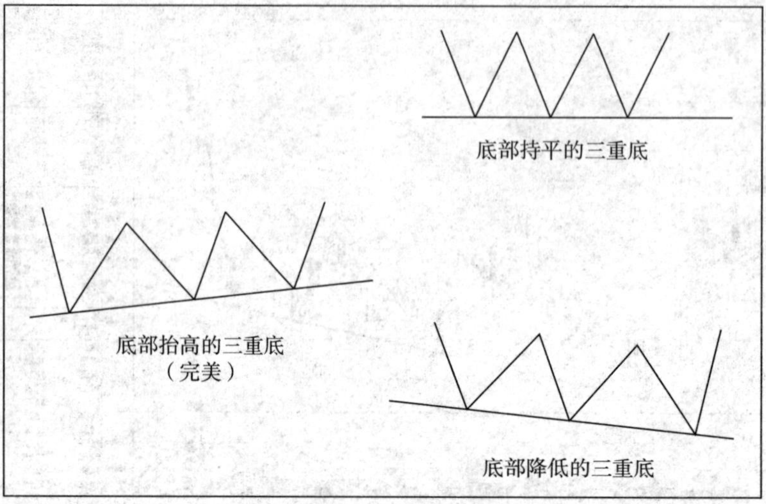

图 3-5　三重底示意图

涨停三级跳形态的第二个要点，跳空是关键。这里的跳空是价格向上跳空，就是今日开盘价直接开在昨天的收盘价以上，使 K 线图出现向上跳空的空档，两根 K 线之间出现了没有交易的空白区。

跳空为什么是该形态的关键？因为某些关键位置跳空，表明了主力资金的运作思路和操盘特点。如图 3-6 所示。

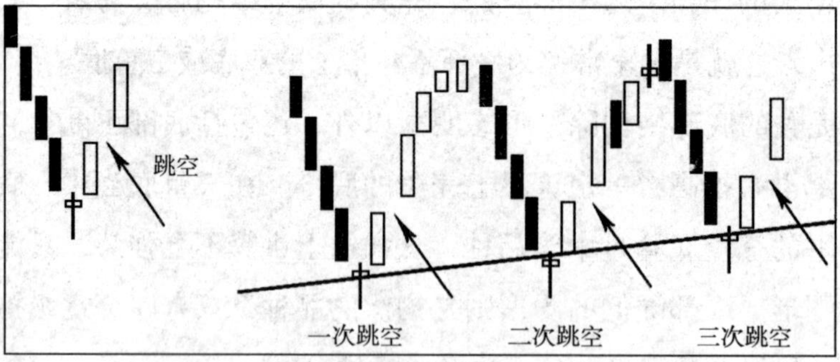

图 3-6　跳空示意图

跳空是操作三级跳抓涨停股票能否成功的一个重要因素。在完美的三重底结构中，股价先是经过一轮下跌，在支撑点位出现十字星、反转K线等底分型结构，在三个底部见底反弹的位置出现了向上跳空的上涨，这个位置的跳空对后市走势有重要作用。

这三个底部关键位置的跳空，可以出现一次，可以出现两次，也可以出现三次，但至少有一次跳空，这是做三级跳抓涨停的一个非常关键的因素。

有些跳空是很隐蔽的，跳空发生在上一个交易日的上影线之内，不容易被发现，但是仔细观察，还是可以发现的，这就要求交易者在分析行情走势时心细如发，善于观察和发现。炒股要有显微镜一样的洞察力以及福尔摩斯一样的判断力。

涨停三级跳形态的第三个重点，就是在完美的底部结构中，筑完第一个底部时以涨停板启动反弹，在第二个底部也是以涨停板启动。当行情渐渐走出第三个底部后，同样是以涨停启动，这是一个必要条件，也是不可或缺的。涨停是最强的市场走势表现，只有这样，才能在第三次涨停的时候产生强劲的向上喷发力。

在第三次井喷式上涨行情没有爆发以前，如果前期上升的两个底部位置出现了两次明显的涨停板，当市场第三个底部以涨停启动，形成较为完美的底部结构的时候，那么在第三个底部刚刚出现涨停启动时，大家是不是就可以看出涨停三级跳的雏形了呢？

只要出现了完美的底部结构，交易者就要有行情将要起爆的联想。

图3–7是中能电气的K线走势图。这是一只正在形成涨停三级跳形态的个股，现在股价还没有出现大涨，后市行情大家可以拭目以待。

此股经过一轮下跌，底部已经形成了简单的三重底形态，在第三次涨停的位置，作为职业股民就要敢于亮剑，敢于出手，这样后市涨升带来的利润就能牢牢抓住。可以预见，中能电气未来可能会爆发出一波大幅上涨行情。

图 3-7 中能电气（300062）

在关键位置，比如第一个底部启动的涨停板，有可能是一个涨停板，也有可能是多个涨停板。

如图 3-8 所示，晓程科技在第一个底部启动行情后，出现了三个涨停的走势。这类个股上涨时有一个特点，就是后期上涨的节奏越来越快，力度越来越强，而不是上涨越来越慢，力度越来越弱。

如图 3-9 所示，硅宝科技的 K 线走势，从图形上乍一看，有点儿像涨停三级跳的买入图形，可是在第三个底部发动上涨行情时，却出现了炸板。在第三次底部起跳的时候，在上涨行情爆发的初期，如果连第一个涨停板都封不住，可见主力拉升态度不坚决，这种情况下何来后市的爆发行情呢？所以这只股票成为了一个失败的涨停三级跳图形。

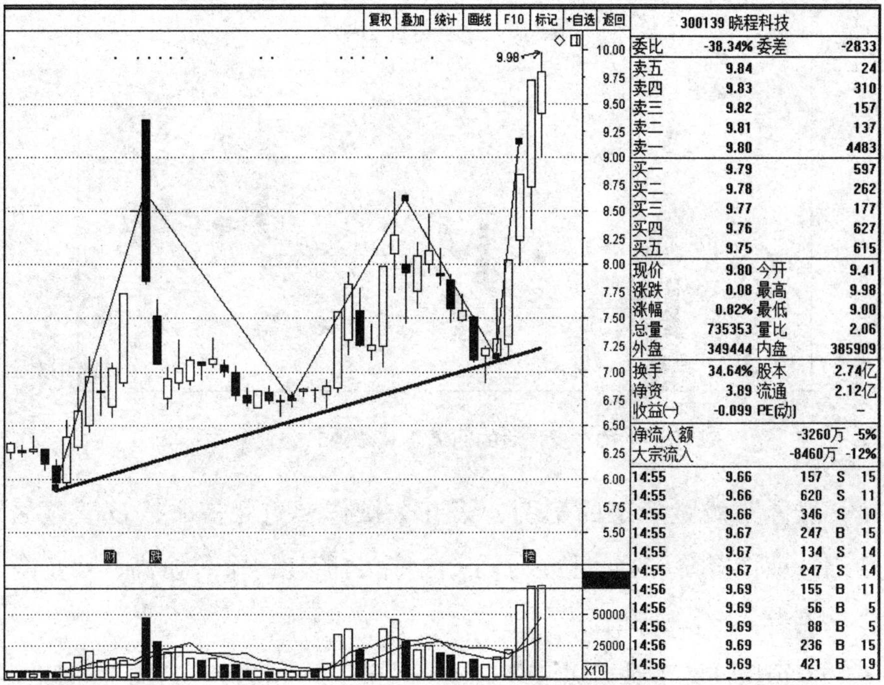

图 3-8 晓程科技（300139）

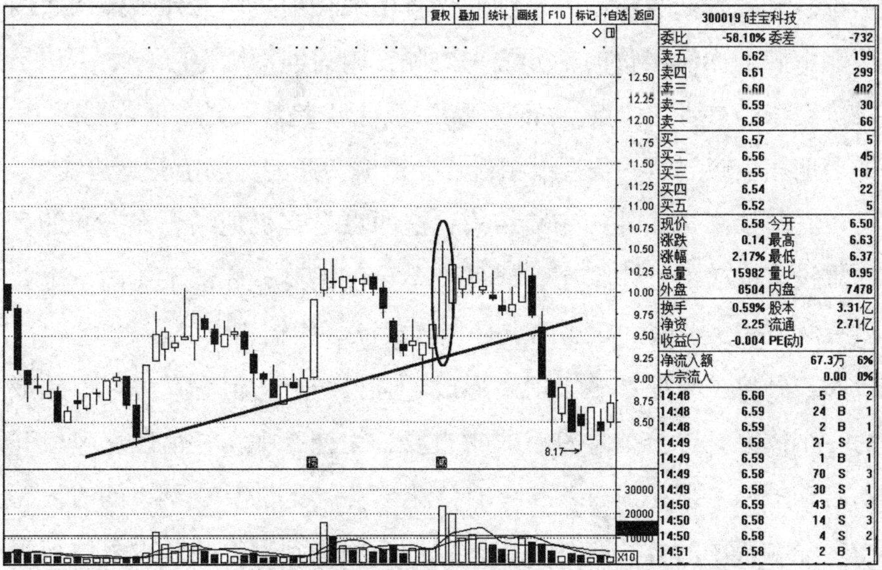

图 3-9 硅宝科技（300019）

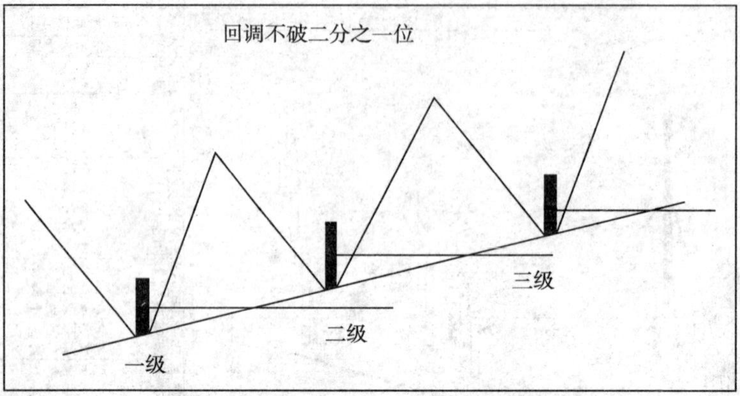

图 3-10　反弹后的回调不破涨停二分之一位

涨停三级跳形态的第四、第五个操作要点是三个底部要逐级抬高，就像登阶一样，拾级而上，一个台阶比一个台阶高，一步一步往上走，步步高升。

当行情连续下跌后以涨停启动，拉起一个小波段以后向下回调，回调的低点渐次抬高，并且回调低点不下破前面涨停价的二分之一位，这就是三级抬高，一步一个脚印地往上走。为什么强调回调不能下破前面涨停价的二分之一位呢？因为前面涨停二分之一位是股价上涨的重要支撑点。底部是否抬高，上涨趋势线是参照依据之一。如果把三个底部用一条直线相连，会形成一条完美的上升趋势线。

底部抬高与底部的完美结构，这两点是有机地结合在一起的。如果没有完美的技术形态，底部就不可能抬高；底部不抬高，也就没有所谓完美的底部。这两点是相互验证、相辅相成的。

二分位虽与底部三级抬高形成了有机结合，但它又可以单独成为一个体系。二分位本身就非常重要，为什么呢？行情以涨停板开始启动上涨，但是股价不会一直涨个不停，上涨总有结束的时候。当上涨结束的时候，必然会出现回调，回调到哪里呢？以涨停板为标杆，回调到涨停 K 线的一半位置或涨停封板价格附近，这两种情况都有可能，只不过回调到涨停封板价格，会让上涨趋势线变得更加陡峭。回调幅度深浅，是判断上涨行情力度强弱很重要的一个因素，原则上在启动上涨的涨停板 K 线二分位以上，都是市场强势的一种表现。

“拉升看幅度，回调看高低，行情走得强，回调不破低，线上出买点，股价还能起。”这个技术要点正好暗合了这个口诀。只要回调在二分位以上企稳，之后再出现第二次、第三次以涨停方式启动的上涨，会让这个操作模型更加完美。

对于涨停三级跳技术图形来说，涨停阳线的二分位对后期行情走势起到了生死攸关的作用。这个作用有两方面，一是后市上涨的一个支撑，二是心理上的作用。

如图 3-11 所示，价格回调到阳线顶部的时候结束回调，同样也是一个完美的上涨结构。在上升过程中，无论是二分位还是涨停阳线高点，同样都对后市走势起到重要的支撑作用。只不过 A2 的回调支撑点连线更加陡峭，连接二分位的 A1 线更加平缓而已，但它们都是一个漂亮的上升形态结构。

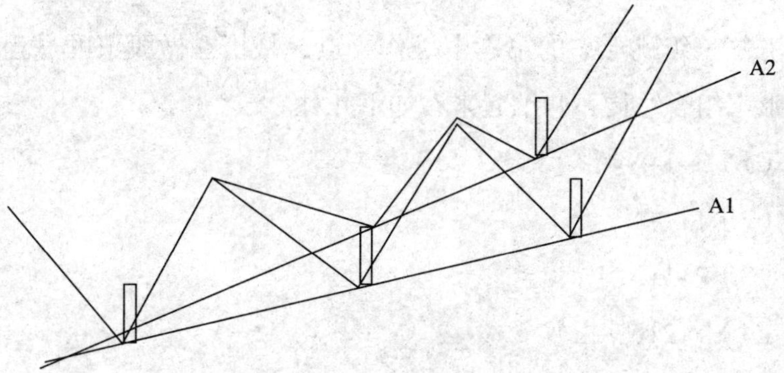

注：A1趋势支撑线为标准上涨图形。
A2趋势支撑线为强势上涨图形。

图 3-11　行情强度不同的趋势线

在涨停三级跳形态中，二分位是股价回撤的最后防守点。实盘走势中，如果价格走出了上文所说的这种三级跳结构，但价格在回调的过程中跌破了大阳线的二分位，也就是说，第一次回调或第二次回调明显打破了上涨趋势线，如图 3–12 所示，后市的上涨就会大打折扣。在这种情况下，运用三级跳抓涨停这一技术就有可能出现操作亏损，所以二分位至关重要。

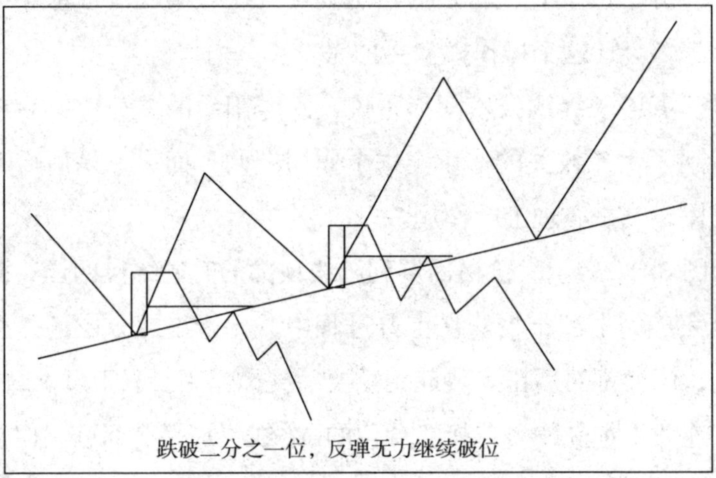

图 3–12　二分位破位示意图

涨停三级跳形态的第六个操作要点，是指在做股票的过程中有多种形态组合结构，归纳起来有如下几种。

（1）3+1+N。

（2）1+1+N。

（3）2+1+N。

（4）1+2+N。

（5）3+2+N。

……

这几个式子是什么意思呢？3+1+N，意思就是在底部第一次启动的位置，可能是一个涨停，也可能是两个涨停或者三个涨停，中间数值代表的是第二波上涨的涨停板数量，最后的 N 代表了第三波可能出现的涨停板数量。N 代表未来上涨的涨停板数量不确定，可能是一两个，也可能三五个，也有可能会走出失败的涨停板。前面的数字很好理解，就是第一个底部和第二个底部启动上涨的涨停板数量，涨停板数可以是两三个，也可以是一个。也就是说，这几个式子就是涨停三级跳形态中的涨停板数量组合。这几种形态组合，都是需要重点关注的标的个股。

涨停三级跳形态的第七个操作要点是如何提前判断涨停三级跳形态。当一只股票已经走出了三级跳走势，上涨行情已经走完了，再追买还有意义吗？

比如图 3-13 中的环球印务，股价经过一轮下跌，然后以涨停板启动拉出了一波反弹行情。之后又被打压下来，止跌后又以涨停板启动反弹。随后反弹结束再次跌下来，之后又以涨停板启动，再次拉出一波行情，这样的走势反复了多次，如图 3-13 中箭头指标位置。

当行情已经走完了再去追买，还有上涨的空间吗，是不是有追高被套的风险？坦率地说，等到上涨行情走完再介入，对交易者来说确实已经没有什么意义了，实战中大家也不可能去追涨。

对于涨停三级跳战法，大家也要提前对形态作出判断，或者说要打提前量。只有在第三次以涨停板启动时打板，或者第二天早盘开盘时直接挂单买进，这种操作才有意义。

当个股前面已经有了两次以涨停方式启动的上涨，第三次股价回落到趋势线位置筑底的过程中，大家就要把握涨停三级跳形态的技术要点，只要基本符合形态要求，就要敢于潜伏介入，敢于打板。对于技术要点的研判，特别是出现哪些信号可以进场，下面会有详细的讲解。

图 3-13 环球印务（002799）

看到目标个股提前介入特别重要，这不是马后炮，而是早作准备。当一只股票上涨了几天，股价已经涨得很高了，之后再议论这只股票能不能做，其实大多都没有介入的必要了。特别是在熊市中，追高介入很容易导致高位接盘被套，因为熊市中反弹都是卖点。

涨停三级跳战法的第八个要点是本书经常强调的“固定模型要坚持使用”。交易模式必须固定，交易方法必须坚持。要想做到术业有专攻，就得做到“弱水三千，只取一瓢”。

“固定”是指经过分析验证的技术形态要固定下来。也就是说，交易可以以形态分类，建立自己的操作标准，没有合适的技术形态就不做。形态和 K 线是最基础的技术分析工具，通过经年累月的积累和海量的看盘，通过 K 线技术形态，可以形成一个操作标准和参照物。已经确立的操作模式要深入内心，像敬若神明那样去遵守。固定的模型需要坚持，也需要交易者在市场中反复寻找。有的时候翻看涨幅榜就能看到，有的时候阴差阳错也会错过，但是成功的操作模型需要长时间坚持。在沪深市场上，有时候可能一两个月才能见到一只这种形态的股票，但只要等到这种形态的个股，短时间内就会让你的利润飞奔。

有些交易者一会儿想低吸，一会儿想做突破，一会儿想波段潜伏，操作毫无章法，这注定是要失败的。作为一个成熟的股民，要形成自己完善的操作系统。建立自己的操作系统可能需要花上几年的时间，别人可以教授你方法，却无法教会你思考，构建操作系统这个过程要靠自己去摸索和感悟。在市场中有了几年的历练，接触到了市场交易的本质，经过不断的修正和完善，最终是可以建立起一套自己的操作系统的。

有些人在赔钱的时候会改变自己的操作系统，有些人则根本不相信自己的操作系统，怀疑操作系统发出的交易指令，只凭自己的喜好出入市场，而笔者总是遵循自己的操作系统。从事交易不是为了刺激，而是为了求得胜利，这样的交易也许相当无聊，但对于获利来说却相当有效。

下面把这八个操作要点综合起来，以实际案例进行讲解，帮助投资者更加系统地学习涨停三级跳战法。首先来分析国芳集团。

图 3-14 是国芳集团的 K 线走势图。对于这样一只趋势较为完美的个股来讲，首先要看其是否满足三级跳抓涨停的八大技术要点。

无需画线，先用目测，看它是否有一个完美的底部结构，是否有一个跳空，前面是否有两个涨停组合，回调是否不破二分位。之后可以画线，逐一进行检查。

如图 3-15 所示，通过量化分析可以看出，国芳集团的底部形成了完美形态：第一个涨停板后面有一个缺口；前面有了两次涨停；三个底部逐级抬高；涨停后每次回调都没有跌破涨停阳线的二分位；

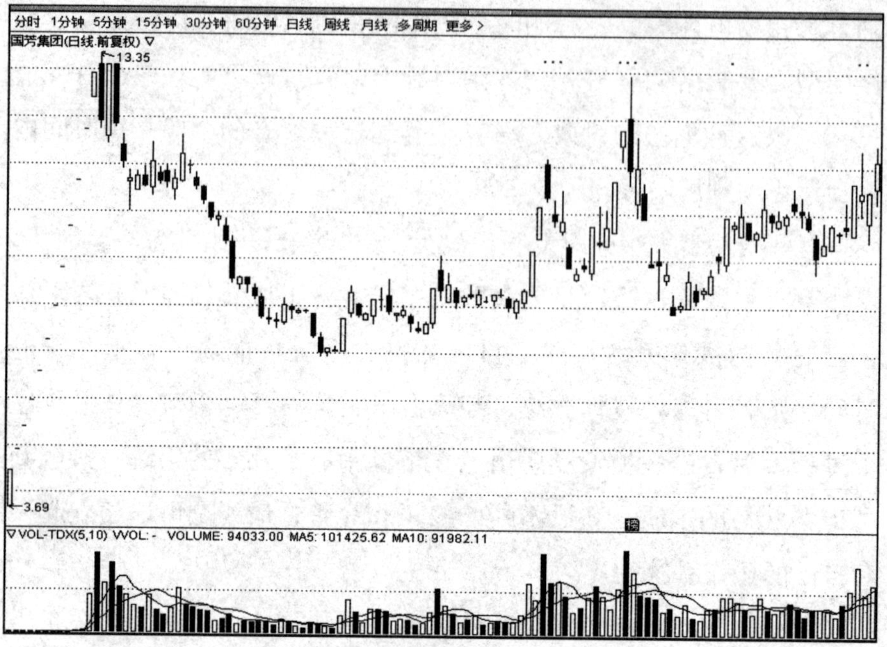

图 3-14 国芳集团（601086）

图 3-15 国芳集团（601086）

涨停组合是 1+1+3 模式。也就是说，涨停三级跳的八大操作要点国芳集团都是具备的。

图 3–15 中，涨停三级跳的技术形态和上涨行情都已经走完了，因此大家分析起来比较方便。假如时间往前推移，把后面的上涨走势遮盖起来，如图 3–16 所示，那么大家是不是能够预见到未来的涨停走势和上涨行情呢？

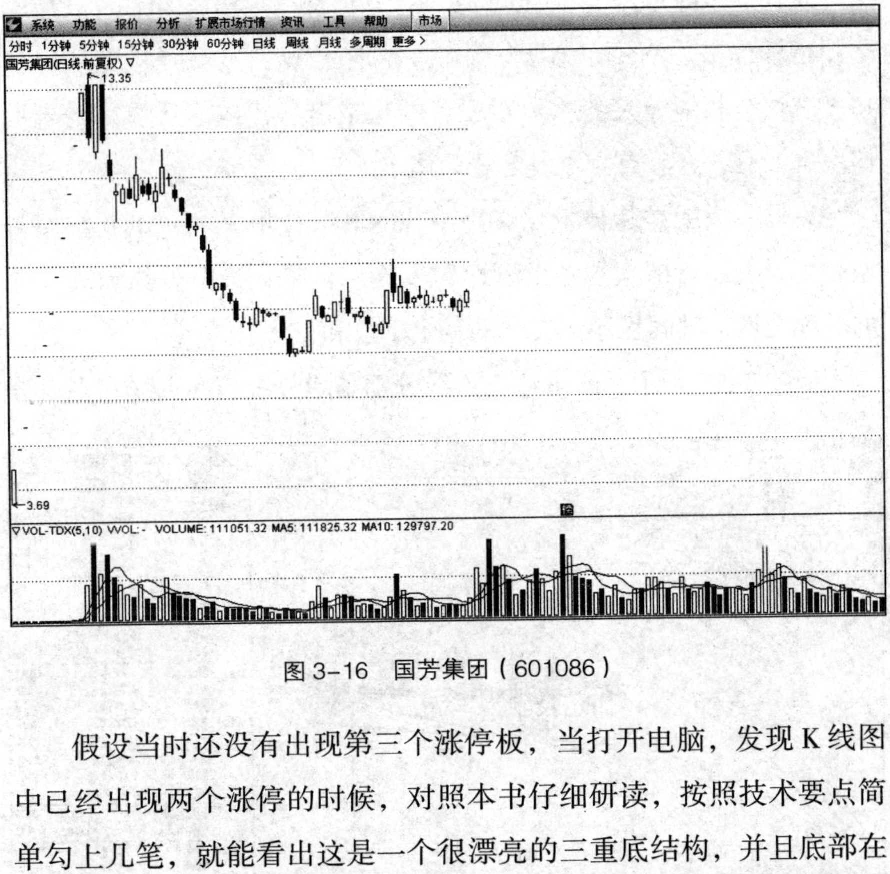

图 3–16 国芳集团（601086）

假设当时还没有出现第三个涨停板，当打开电脑，发现 K 线图中已经出现两个涨停的时候，对照本书仔细研读，按照技术要点简单勾上几笔，就能看出这是一个很漂亮的三重底结构，并且底部在逐级抬高。在第三次涨停出现之前，就好比是美女还没有化好妆，大家看不出来她有多么漂亮，但是美女气质是掩盖不住的。等股价飞起来了，也就是美女化好了妆，大家就会觉得怎么看怎么漂亮。

有一点需要注意，学习这个战法，要把指标（包括 MACD、KDJ 等）都抛在脑后，因为主力会利用指标做诱空动作。做股票要“顺大势，逆小势”，不要中了主力布下的陷阱。

价格走势不外乎量和价的有机配合，请大家不要钻入死胡同。方向不对，努力白费。在股价运行中，只有新手才去关注指标这些东西。庄家会利用指标来骗人的，这一点一定要谨记。

只有量和价才是市场走势的根本，其他都是配角。主图指标也好，副图指标也罢，不要作为股价涨跌的判断依据，它只是从另外一个角度观察分析股价走势，对于股价的未来走势，指标几乎一点指示作用也没有，这一点大家一定要认清。

另外一点就是趋势量化交易系统的画线技术大家一定要掌握，这是指导交易者买卖股票的一个重要指示。量化分析就是剥离人性的不确定性，巩固程序化交易的一个手段和方法。

如图 3-17 所示，图中这三条线分别是趋势线、拐点线和多空分

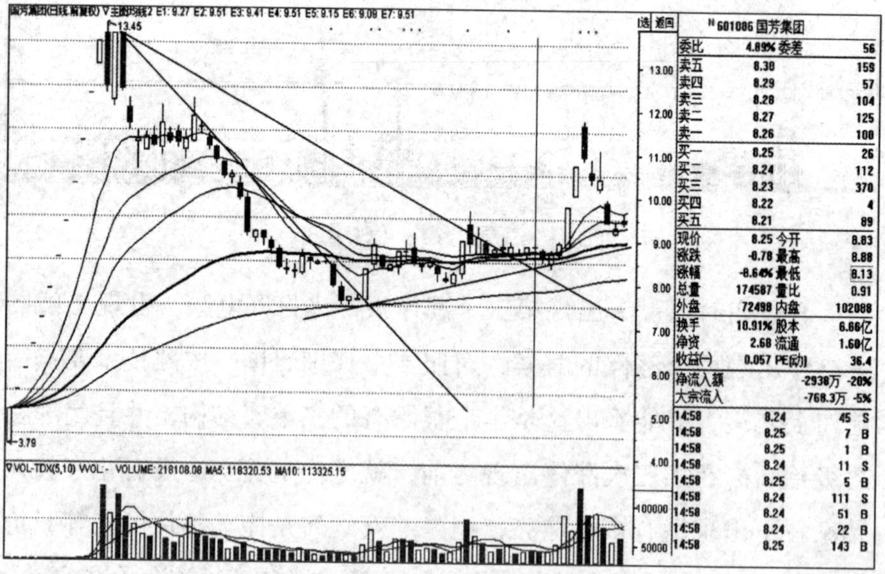

图 3-17　国芳集团（601086）

界线，对于指导交易具有重要的作用，本书后面会专门讲解。买入任何股票，都要在多空分界线后面，因为多空分界线界定行情走势已经由空头占优转为多头占优。

从图 3-18 中明显可以看出，涨停大阳线之后的两次回调，均没有跌破涨停大阳线的二分位。在第三次起跳后，连续拉出了两个涨停实体阳线，还有一次冲击涨停，不过没有封住涨停板。按最大涨幅计算，三次拉升大约有 30% 的涨幅空间。

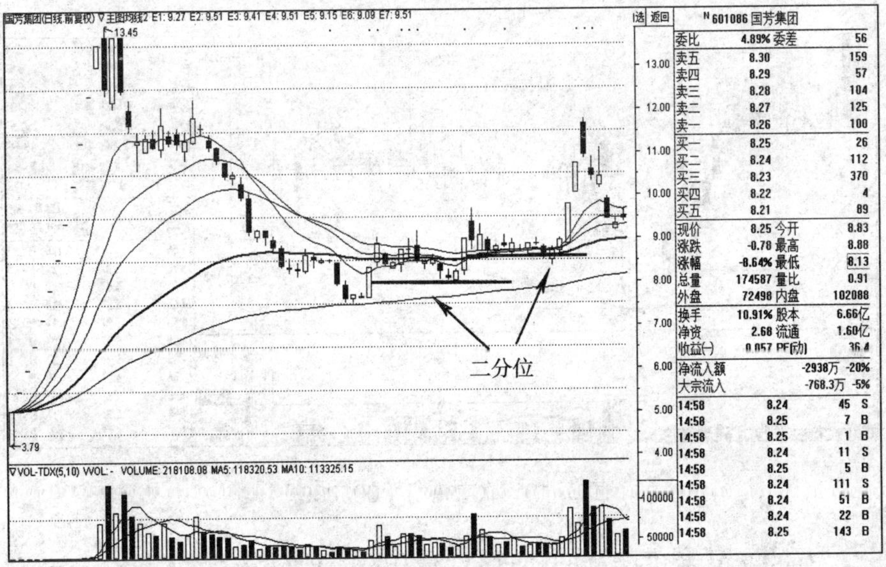

图 3-18 国芳集团（601086）

在这样一个技术图形中，趋势量化交易系统总结出的三级跳抓涨停战法，它不属于后知后觉的跟随，而属于对后期趋势演化提前作出的有效研判。虽说这里所讲的是涨停板战法，但却是在行情启动之前布局，然后获取巨大的上涨利润。三级跳抓涨停战法的高明之处就是提前发现，提前埋伏，然后坐等巨额利润收入囊中。

下面来看张家港行的案例。

如图 3-19 所示，张家港行的技术形态同样符合前面列举的涨停三级跳八大技术要点。首先，该股有完美的底部形态结构。那么是否有跳空呢？跳空也是后期快速上涨行情发动的一个很重要的依据。

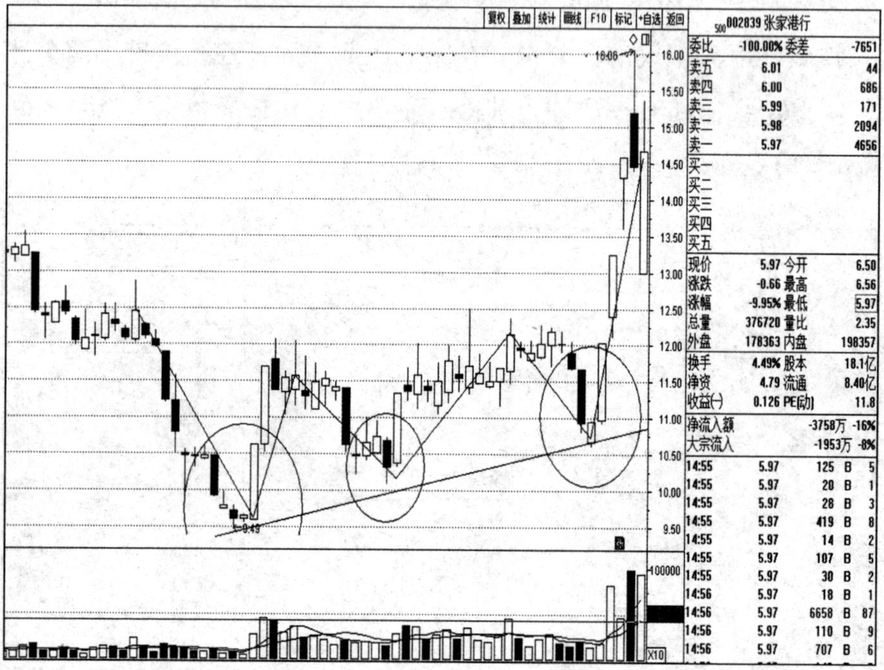

图 3-19 张家港行（002839）

有的交易者可能会问，这只股票哪有什么跳空？如果没有看出 K 线上的跳空，说明你对 K 线知识还缺乏深入了解。在中间一个圆圈处，前面是一根阴线，紧随其后的是一根涨停阳线，开盘高开就出现了跳空。只要第二个交易日的开盘高于前一个交易日的收盘，就是跳空，只不过这里的开盘跳空盘中几乎被回补了，是一个隐形的跳空缺口。前期有两次涨停，图中的涨停三级跳模式是 2+1+N 型。三个底部逐级抬高，涨停后回调没有跌破涨停阳线的二分位。

该股的二分位同样对后期的股价走势起到了至关重要的支撑

作用。可能有些读者会产生疑惑，第一个底部价格启动上涨时，连续收出了两个涨停板，这两个涨停板哪一个重要呢？答案是两个都重要。

图 3-20 是连续两个涨停示意图。如果股价回调到第一个涨停阳线的二分位拉起来，说明第一个涨停板对股价有重要的支撑。两个涨停板拉起来后，价格冲高回落，如果股价受到第二个涨停板的支撑然后拉起来,说明第二个涨停板的二分位对股价的走势比较重要。具体哪个重要，就要看这一阶段的行情走势如何发展了，这是由行情和个股的多空力道决定的。笼统地说，两个涨停阳线对股价回调的支撑作用都很重要，最重要的是前一个涨停的二分位，它的重要性比上面的涨停阳线对股价的支撑力度强那么一点点。许多个股拉起来之后，并不一定只回调那么一点点空间，有时候可能回调的会深一些。

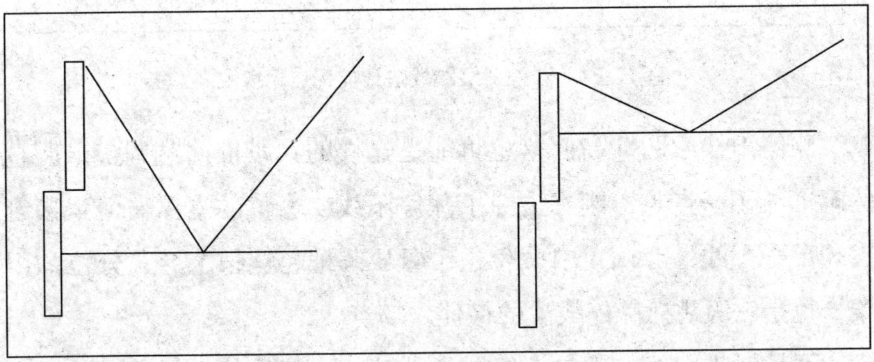

图 3-20　涨停阳线二分位对股价的支撑作用

趋势量化分析的特点就是重点对过去的走势进行分析研判，对于未来走势大胆进行预测。对于三级跳抓涨停战法，股价上穿涨停阳线二分位的阳线，是一波行情的最佳买点。

如图 3–21 所示，图中价格回调到涨停阳线二分位止跌，图中收出的上穿涨停阳线二分位的阳线，就是涨停三级跳战法的最佳买点。也就是说，当价格冲高回落，跌下来以后，在二分位位置收出一根反转阳线，这种包容结构就是最佳进场点。

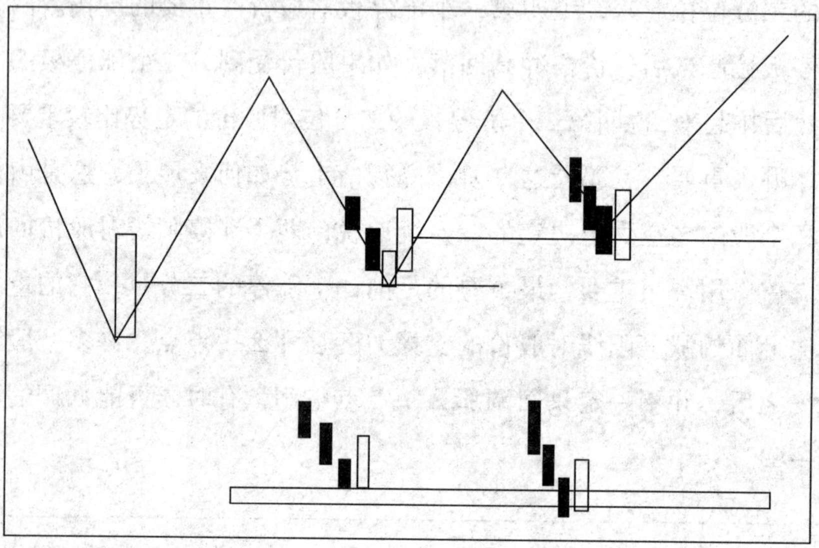

图 3–21　涨停三级跳战法最佳买点示意图

涨停阳线后的冲高回落也可能是这样的：股价回落调整，调整的幅度大了一点点，刚好击穿了涨停阳线二分位的支撑，但紧接着出现反击阳线，夺回了二分位这个重要阵地，这根上穿二分位的阳线，也是三级跳抓涨停战法的最佳入场点。

两种吞没阳线，都是三级跳抓涨停战法的绝佳进场点，其中一种是受到二分位支撑后收出的吞没阳线，一种是跌破涨停阳线二分位后收出的吞没阳线。其中底分型是该战法入场的标志性信号。关于底分型技术形态的讲解，大家可以参看《涨停起爆》一书。

【股神讲述】像三级跳抓涨停这些成熟的战法，在私募圈内极为流行，也是普通股民很难接触到的交易方法。笔者在这里无私地分享出来，也是为了启发大家探索成功的交易模型。文中讲解的形态技术要点和固定的操盘模式，要求大家坚持执行。除了固定下来的买入条件，大家还需要努力寻找走出这种交易模型初始形态的股票。

第四章　四大底部形态抓涨停

底部形态抓涨停，突出的是底部形态，也就是必须满足底部形态要求，才能达到抓涨停的目标。底部形态抓涨停也是趋势量化交易系统中的一个交易方法。底部形态抓涨停不是做行情反转，而是短线参与一个波段行情。这个交易模式并非是为了抓涨停而抓涨停，而是在这种形态结构之中，短线参与一下，快进快出，获得一段波段利润。也就是说，抓涨停不是该战法的目的，赚钱才是目的。一般来说，这个位置出现涨停板，随后都会走出一个波段上涨行情。

什么是底部形态呢？底部形态抓涨停，对于底部形态要有一个判断的标准。底部形态有 W 底、V 形底、U 形底和三重底这几种形态，其中三重底在日本蜡烛图技术中也叫做三川形态。所有的底部形态，可以说都是这几种底部形态或它们的变异走势。如图 4-1 所示。

四大底部形态抓涨停，就是通过趋势量化交易系统的研判，在 W 底、V 形底、U 形底和三重底等技术形态下抓涨停板的战法。只有满足了四大底部形态这个大前提，才能去做抓涨停的交易，否则只能放弃。

什么样的底部形态才算是有效图形呢？先说 W 底。W 底要满足右侧的第二个底比左侧的第一个底抬高，只有第二个底抬高，才是一个好的底部形态。不满足这个条件，就会降低底部形态抓涨停战法的成功率。

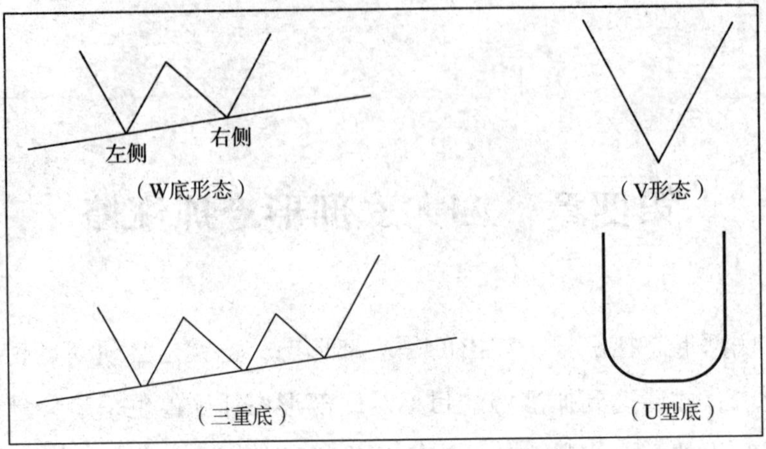

图 4-1　四种底部形态示意图

三重底也要满足三个底部逐级抬高的形态。在三川形态中，三重底又衍变出了头肩底，头肩底要以第三个底部抬得最高为准。

出现这些底部形态的时候，在哪些点位买入呢？V 形底以突破颈线位为准。当股价跌到某个区间以后开始快速下跌，这时不要贪便宜，更不要抱着侥幸的心理抄底，正确的做法是待反弹上涨后，股价突破颈线位时进场买入。U 形底或大的圆弧底也是在突破颈线位抓涨停。

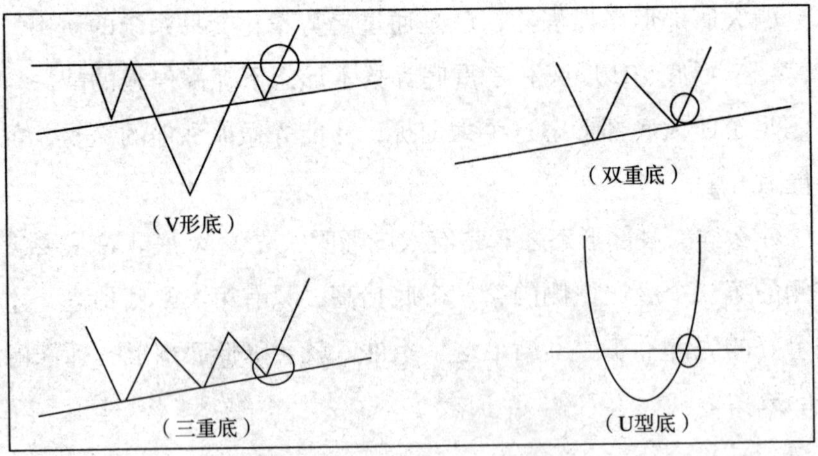

图 4-2　底部形态买点示意图

图 4–2 中圆圈标示的位置都是明确的买点。这个点位不但是一个波段的启动点，也是抓涨停板的位置。如果交易者不善于把握这些重要节点，操作成功率会大大降低，甚至还会赔钱。

在这些节点位置，如果交易者想抓涨停板，当分时走势图中价格涨幅达到 7% 的临界点，甚至是以涨停板开板，只要满足底部突破颈线位买入这些技术要求，都可以大胆买入。

如图 4–3 所示，在上海新阳的历史走势中，曾经出现过 V 形反转的走势。通过画线分析，可以强化对这一底部形态的认知。该图形是头肩底形态的一个变异，V 形反转的威力强劲无比，使得变异的头肩底右肩明显高出左肩。从图中可以看到，行情运行到了右肩位置，股价第二次上破颈线出现了大涨，并且连续拉出两个涨停板。

画 V 形颈线的方式是，通过左右两肩低点连出一条直线，然后

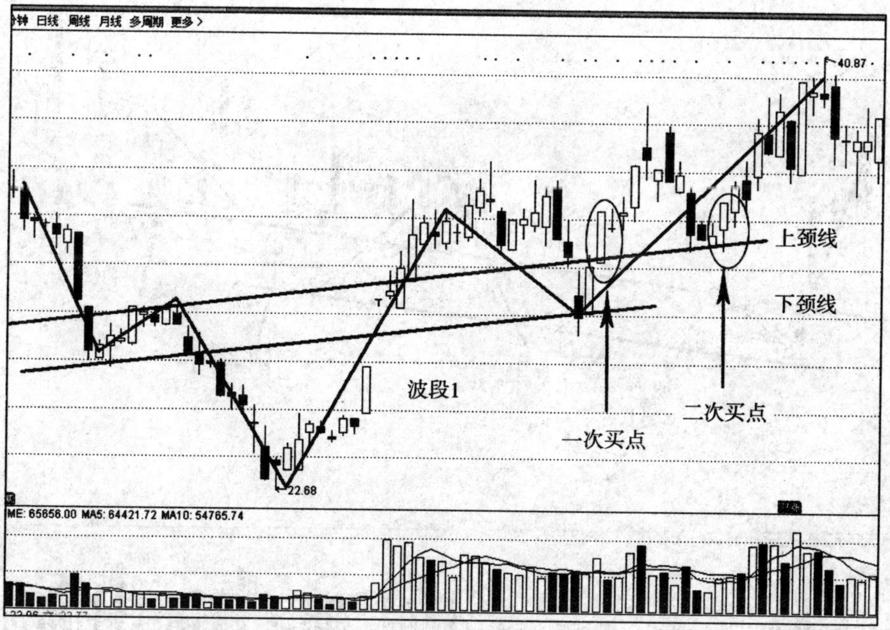

图 4–3　上海新阳（300236）

在左侧箱体高点找到一个点，过此点画出一道平行线即可。

在正常的 V 形反转中，左右两边一般是对称的。但是在上海新阳的 V 形底部右侧，也就是图 4-3 中标注的波段 1 位置，上涨波段与左侧下跌段比较，无论是从涨幅上，还是从阳线的实体个头上，都要比左边下跌走势强势很多，这说明价格见底后，反弹买盘的力道很大。

如果该反弹波段继续向上涨升，对于后期的行情走势会带来不利的影响，俗话说“过犹不及”，该波段巨大的涨幅会透支后市的做多力量，一些主力会借股价一步到位的拉升走势出货。

当目标个股股价运行到了底部右侧，首次突破颈线时，为第一次买点。股价上破颈线后冲高回落，当回落到颈线位附近受到支撑再次上涨时，为第二次买点。

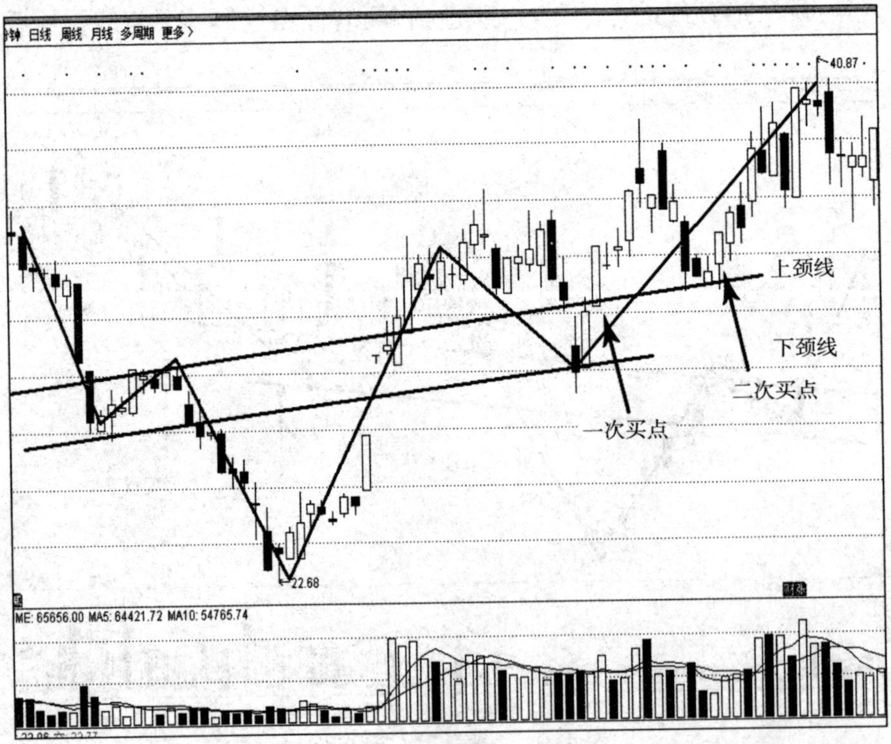

图 4-4　上海新阳（300236）

从另一个角度分析，V 形底还有一个特点，就是以底部低点到颈线位为中枢区间，也就是价格从底部涨上来的空间，这里暂时称为 1 号区间。假设突破后的上涨空间称为 2 号区间，那么从底部上涨到颈线位的涨幅，与股价突破颈线位之后的涨幅，这两个区间涨幅基本上是相等的。也就是说，这两个区间是一个等距空间。

如图 4–5 所示，振芯科技这个图形也是一个变异了的头肩底形态，只不过左肩和右肩是一个较平坦的平台整理。左右两个平台，价格整理的时间和其间的涨跌幅是对称的。一旦右肩对平台颈线位实现突破，就说明行情打破了平衡，股价会加速上涨。

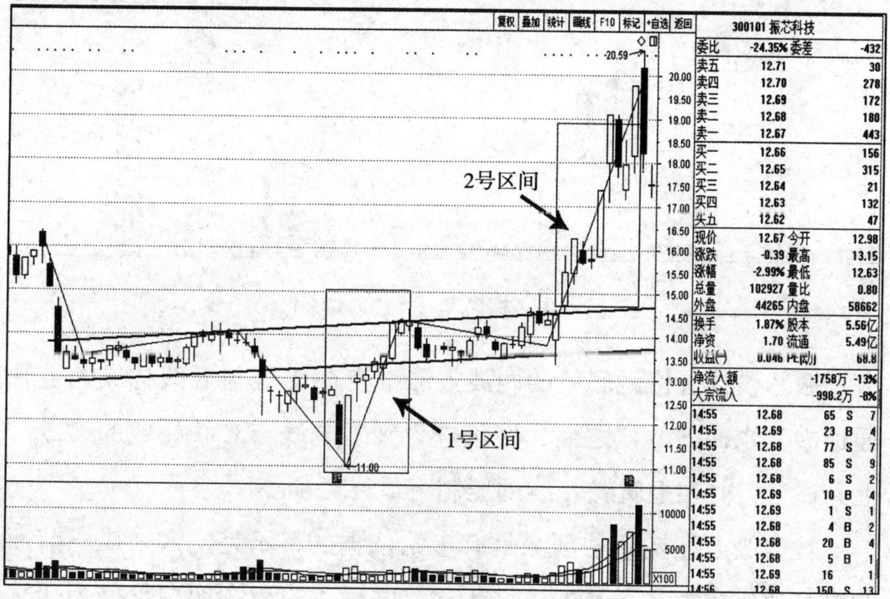

图 4–5　振芯科技（300101）

根据区间等距理论，可以大胆预测向上上涨的空间大小，或者价格至少要涨到哪儿。这个涨幅不是百分之百对称，但这个涨跌幅度却是惊人地相似，这也属于市场运行的一个规律。如果连理论涨幅都无法预测，那么买卖股票无异于盲人骑瞎马。

如图 4-6 所示，连结 A 点和 B 点画出一条上升趋势线。在 A 点和 B 点这两点之间，第一次反弹见顶回落的高点定为 C 点，经过 C 点画一条平行于 A 线的 B 线，再以等距离向上平行画一条 C 线，这时就出现了两个上涨通道，B 线就成了中轨线。

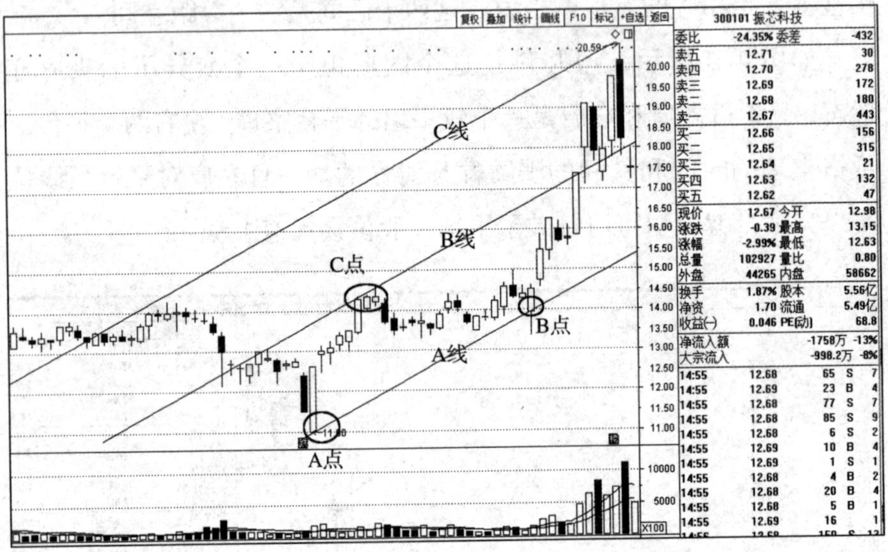

图 4-6 振芯科技（300101）

振芯科技价格触底后的两波上涨维持在 A 线与 B 线构成的上升通道内。当冲破 B 线之后，股价进入到了 B 线与 C 线构成的第二个上升通道，并在上轨线 C 线的压制下最终见顶。

对个股上涨空间的预测是有理论依据的，不是空穴来风。前面的讲解道破了振芯科技的上涨天机，之后大家就会明白价格为什么这么走了，希望大家仔细琢磨其中的道理。

通过三个高低点，就能找出股价波动运行箱体的通道线。要找上点，先找下方两点。同样，要找下点，先找上方两个点，这样就能找出一组平行线，有了平行线，就有了预测价格涨跌空间的依据。

如图 4–7 所示，超频三为什么会在大盘连续大幅下跌的恶劣环境下，于 2018 年 6 月 20 日出现连续涨停的走势呢？

首先它的上涨第一浪形成了一个 U 形底，价格突破颈线位时拉出了一个涨停板，之后出现了连续的一字板上涨。在一浪结束后，股价出现整理走势，整理期间形成了三重底形态，三重底形态也是三底抬高。这种形态奠定了超频三上涨行情的基础。

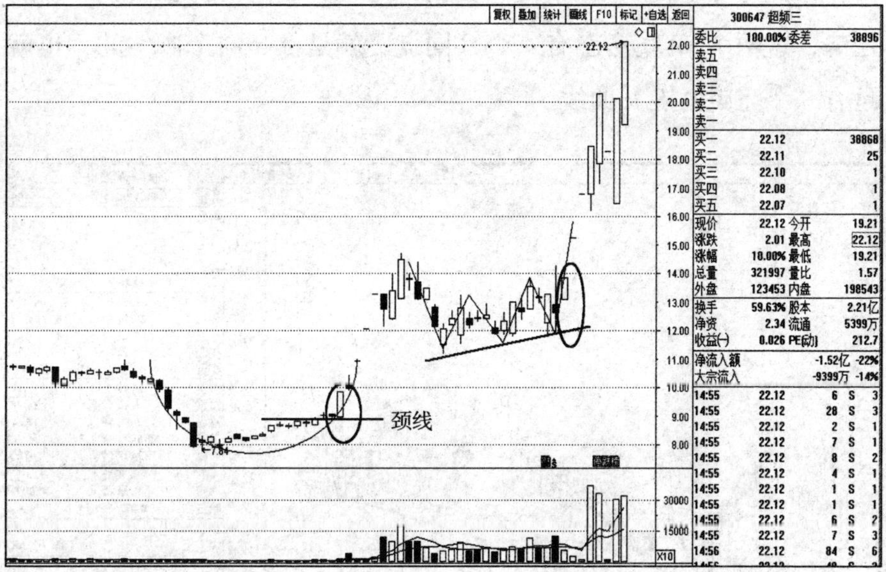

图 4–7　超频三（300647）

在大盘如些疲弱的环境中，超频三为什么会涨这么多，这和它的涨停基因有关系，也就是说，该股骨子里有喜欢涨停的股性。在超频三筑底以来的第一浪上涨中，就连续拉出了四个涨停，可以说涨停基因非常强大。基因是先天的，也是有遗传性的，所以在三浪上涨过程中拉出几个涨停板也就不足为奇了。如果一只股票没有涨停的基因，说明这只股票的股性不够活跃，在后期的上涨行情中，就很难收出涨停板。股性不活跃一般是由两点造成的，其一是盘子太大，拉涨停太费力气。其二是主力控盘力度不够，在主力拉涨停时，经常有获利盘卖出砸盘。

在超频三的上涨过程中，不管是在底部对U形底颈线的突破，还是上涨过程中形成的中枢三川形态，都出现了爆发性的上涨和突破。当股价在中部区域震荡了几次，构筑完成三重底之后，这时投资者要及时参与，这样才能获得股价快速上涨带来的利润。

如图4-8所示，集泰股份在上涨过程中连续两次出现了W底走势，这两个W底形态有一个共同点，就是都是向上倾斜的，也就是有一个完美的上升曲线。

图4-8 集泰股份（002909）

第一次W底完成后，股价出现了小阳线蚂蚁上树式的向上涨升。第二次则是连拔大阳线，出现了几个涨停板。

是否买入一只股票，要有一个依据，没有依据是绝对不能盲目介入的。涨停只是这一段上涨行情中的一两根K线而已，不能单纯为了打板而打板。四大底部形态抓涨停是在波段上涨的前提下介入的，做的是有确定性的上涨行情。在该股操作中，只不过是强势波段行情中找到了具有涨停基因的股票，提前做了一个买入操作而已。与其他交易模式相比，这种操作的安全系数注定要高得多。如果换一个节点位置打板，很容易失败，因为其他点位不是爆发行情的介入位置。

如图 4-9 所示，必创科技这样的大牛股，在筑底阶段形成的底部形态符合 V 形底的条件，V 形底左右两边各有一个小型的箱体。前面讲过，V 形底右肩以涨停的方式向上突破，可以直接进场买入。V 形底带来的反转行情威力巨大，要学会为我所用。

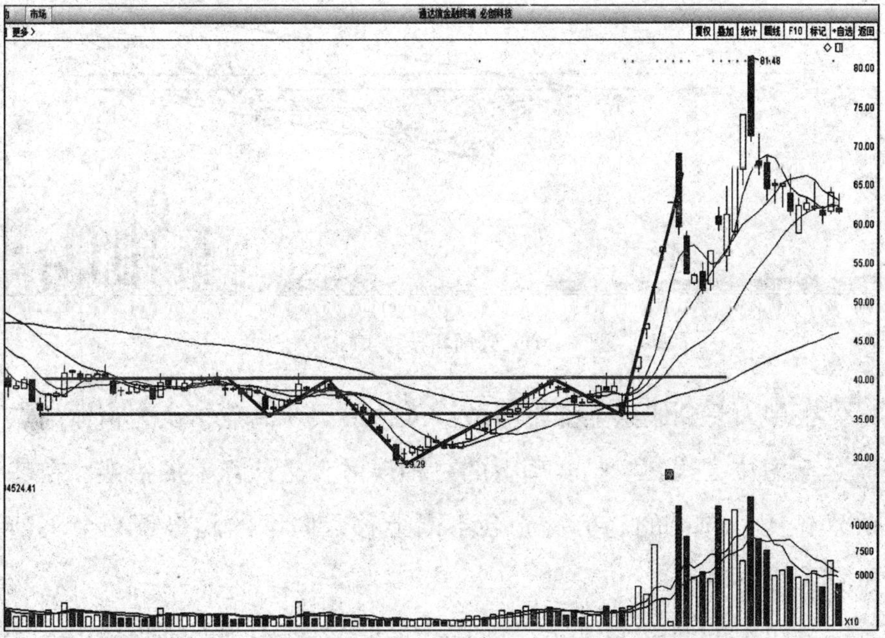

图 4-9　必创科技（300667）

做 V 形反转行情，只需画出颈线位，等待突破即可。V 形反转做的都是一个大级别的波浪，上涨的角度越凌厉，未来上涨的空间越值得期待。

如图 4–10 所示，当发现必创科技突破平台阻力位之后，第一上升幅度先看到 B 线的位置。突破了 B 线之后，理论上上涨空间就到了 C 线位置。C 线是与 A、B 两线距离相等、方向平行的一条直线。为什么实战中敢于二板追板，就是因为有效预测了后期的上涨空间。

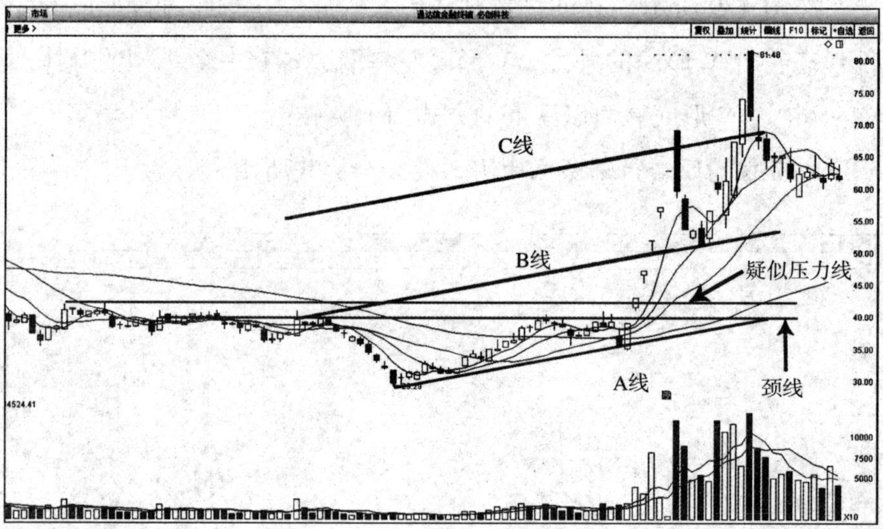

图 4–10　必创科技（300667）

很多人看到股票上涨都不敢买入，怕买在高点，认为箱体高点就是压力位，这其实是心理上的一种误区，是认识上的错误。在趋势理论中，向上的趋势重心会不断上移，向下的趋势重心会不断下移。

从图 4–11 中可以看出，只要股价维持在下跌平行通道之内，新的高点就会比上一个高点降低，新的低点也比上一个低点降低。也就是说，只要低点没有比上一个低点有所抬高，就没有突破这个下降通道，那么它就是在走下降趋势。

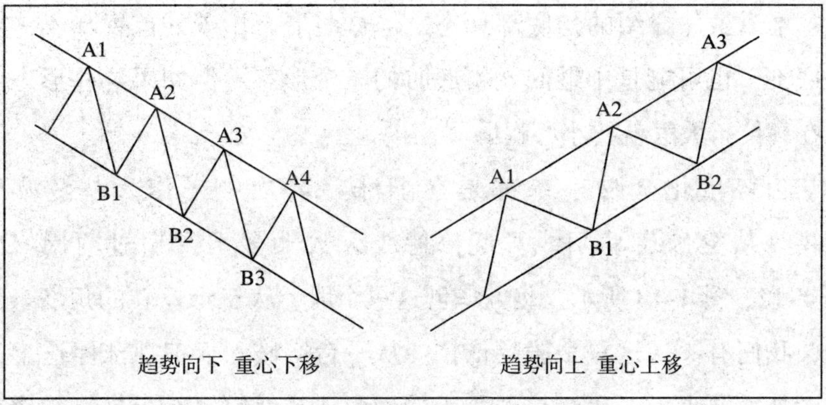

图 4-11 趋势重心移动示意图

同样，在上涨趋势中，股价重心会不断上移，第二个高点必然会超过第一个高点创出阶段性新高。如果第二个高点和前高一样高的话，行情就是在走箱体震荡，而不是维持上涨趋势。

比如，在重心下移的下降趋势当中操作，假如在图 4-11 中的 A2 点位开了一个空单，那么该品种下降的目标点位就不再是上一个支撑点 B1，理论上应该是通道中 B2 为支撑点。同样，在向上趋势中，如果在 B1 点位开了多仓，那么 A2 的涨幅高点就应该超过 A1。

在熊市中，市场每天也会出现涨停个股，这些涨停个股就像黑暗夜晚出现的星光一样。但是黑夜里闪耀的星光再明亮，它也是黑夜，星光所能照亮的范围也极其有限，户外旷野依然是漆黑一团。所以熊市中空头也是大神，也要得到应有的尊重。

中国股市牛短熊长，大盘明明是空头，偏要想象多方发力向上涨，这就是不尊重空方主力，同时也违背了趋势的方向，这也是很多人亏钱的原因。但多头只会迟到，永远不会缺席。空方和多方的轮动总是交替的，就像黑夜和白天一样，一个都不能少。虽然熊市在持续的时间上长了一点，但是牛市在涨幅上是可以扳回一局的，所以牛市中最忌讳的就是频繁换股。

本章虽然介绍的是底部形态，但这些形态出现的位置却不一定是底部，也可能是中继回调筑底时的一个形态。但如果这些形态出现在高位，大家就要小心提防了。

趋势量化交易系统都是在上涨趋势之中操作，以做波段为主，从突破启动阳线算起，持股天数大多不要超过两周。如图 4–12、图 4–13 所示，北方华创这只个股，从 V 形反转的角度来分析，我们有买入这只个股的依据。从平台突破三五浪抓涨停这个战法的技术要点上，也能找到买入的理由，当然它也符合趋势量化交易系统的要求。

讲到这里，很多读者已经感觉到了，这里所讲的技术，很多东西都是通用的，有些技术要点是共通的。买入的这个节点，V 形反转颈线位抓涨停是它，三五浪平台突破点是它，多空分界线的买点还是它，这就是多种技术形态产生的共振。

炒股不但要有操作的主线，还要有明确的思路。买股就是买上涨趋势，上涨趋势代表买方力量强盛。绝对不能参与调整段，一定要做主升段，只有做主升段才是获利的王道。

这四种底部形态的止损位，都是跌破操盘线减半仓，跌破上升趋势立即出局。

有人喜欢低吸，但低吸的主题不是下跌，而是上涨趋势下的调整，本章技术主要讲的是阳线的买入，而不是阴线的买法，因为阴线买入有它自身的问题，就是确定性太低，还容易错过龙头强势品种。阴线有点提前进场的思维，如果第二天没有出现反包阳线，而是接着前一天顺势下滑，出现阴下阴，就意味着调整浪的开始，这时正好买在了阶段性的高点。

一套先进的操作理念，会让一切都变得很简单。简单程序化地交易，谁复杂谁赔钱！

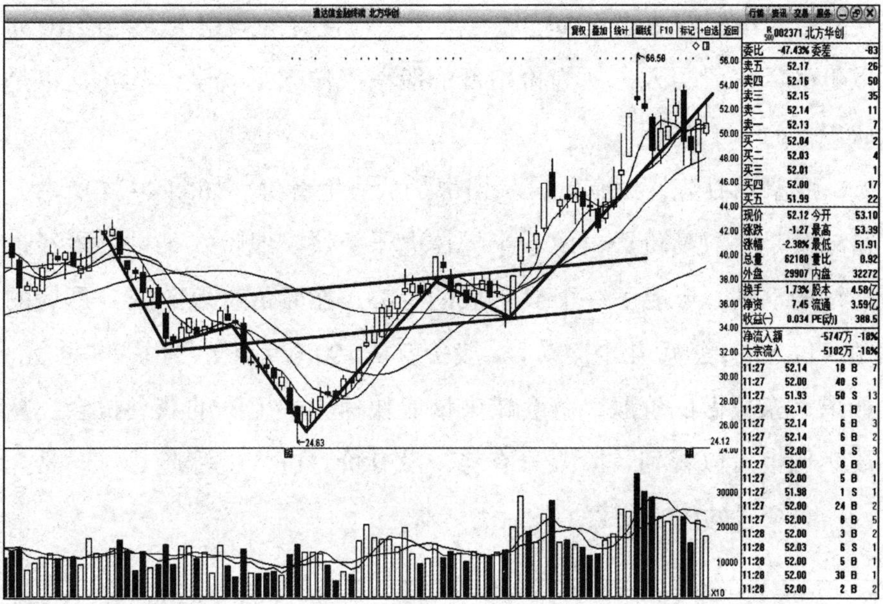

图 4-12　北方华创（002371）

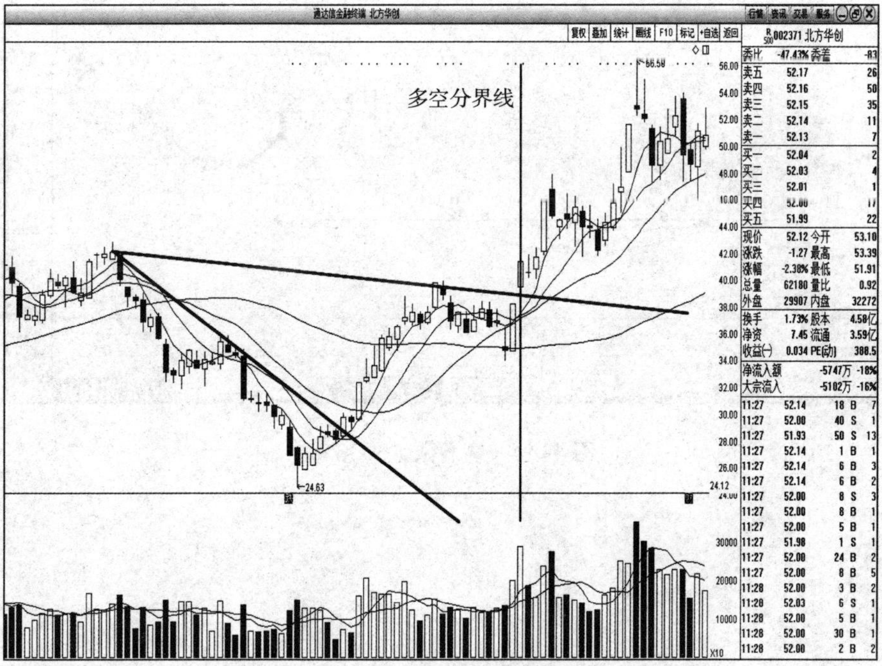

图 4-13　北方华创（002371）

有人可能不敢操作高价股，天天去捡便宜的股票买入，捡10元以下的低价股买入，认为价格低的股票操作起来安全，其实这也是认识上的一个误区。

股票只有势，没有价，一切都是从势里看价。如图4-14所示，富瀚微是一只高价股，属于半导体电子板块。股价在某一阶段经过连续的下跌，形成了一个U形底的走势。在股价有效突破U形底的颈线位之后，短短几个交易日，股价就从100多元上涨到了200多元。如果大家只做低价股，就会错失该股快速大幅上涨的获利机会。从该案例也可以看到，股票只有势，没有价，进入上涨趋势，才是介入一只个股的核心要素。

图4-14 富瀚微（300613）

第五章　次新股 K 线形态抓涨停

次新股就是刚上市不久的股票。次新股活跃度比较高，股价波动相对于老股票也比较大。对于交易者来讲，大的波动带来了更多获利的机会。如果是小的波动，股价每天都在横盘，交易者是没有获利空间的。买入这种股票，交易者要想赚钱，难度就非常大。只有震荡幅度比较大的个股，才是股市淘金客眼中的目标个股。

次新股 K 线形态抓涨停，就是以次新股为操作标的，以 K 线形态为主研判行情走势和介入时机，也就是以主图 K 线组合做涨停板的一个方法。这种方法很简单，只需站在 K 线的角度认真研判，另外量能也作为一个重要的参考依据。做股票离不开量能，离开了量谈股票交易，都是空口说白话。本章将会对量与价之间的相互关系进行讲解。

首先列举一些股票走势，大家可以看看哪些形态组合有可能涨停。涨停形态千差万别，但次新股的上涨万变不离其宗。很多次新股的上涨都符合本章介绍的技术要点，这也是一种亘古不变的次新股涨停规律。

如图 5–1 所示，万通智控是 2017 年 5 月上市的次新股，图中用横线标注了几次涨停。这些涨停都有一个特征，就是对前期平台突破时出现了涨停。对于老股票，这种走势并不容易见到，因此这是次新股独有的一个特点。

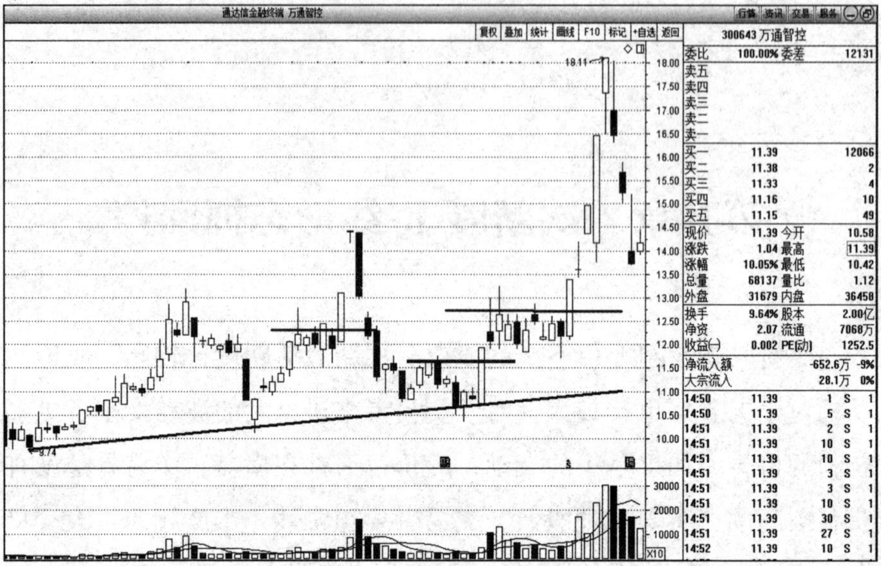

图 5-1　万通智控（300643）

次新股依据 K 线形态抓涨停，这个方法简单实用，但是一定要看准了才去做，不要临盘看到一个急速拉升的个股就立即下单买入，要严格按照次新股 K 线形态的标准和要点进行分析并执行操作。

操作中，越是在紧急的时候，越要沉住气。次新股的 K 线形态组合只要符合讲解的技术要点，就算是收盘没有封住涨停，也会给交易者带来不错的收益，因为平台突破买入也是一种短线波段买入模型。平台突破买入是一种短线追涨的操作，因为从箱体底部起涨的涨幅来看，平台突破并不是一波上涨行情的起涨点。

如图 5–2 所示，科创新源这只个股也是平台突破然后出现了涨停，这种例子还有很多。为什么列举这么多的平台突破，因为这是次新股 K 线形态抓涨停战法的一个技术要点，大家一定要记住。

次新股 K 线形态抓涨停这一战法，重中之重是平台突破。对于平台需要注意的事项，后面会有讲解，这里交易者首先要知道这个要点，即构建的平台一定要向上突破。只要出现平台突破走势，K

线形态满足技术要求，就能去抓涨停板。需要注意的是，这一方法只适合于次新股。

图 5-2　科创新源（300731）

按时间划分，次新股是上市时间两三个月以上、两年以内的个股。上市时间一年以上的股票就属于老次新股了，上市两年以上的则是老股票了。个股新旧是按时间来划分的，但如果新股上市才没几天，同样不能套用这个方法来操作，这是对新股时间范围的要求。

自从打新规则改成先申购、中签后再缴款，上市新股两个月以内的行情走势，基本上均线都是多头排列。绝大多数次新股都具备这样一个特点：一字板涨上去，第一浪结束见顶回落，然后盘整一段时间再向上涨升。只有极个别个股会走暴跌模式，即上市后经过一段炒作，最后跌破发行价。像 2018 年上市的养元饮品、华能水电这类跌破发行价的个股是极少数，绝大部分上市新股还是满足均线多头排列的条件的。

只有均线多头才会形成盘整平台，否则一路下跌还叫平台吗？

股价一直运行在下跌通道，就没有所谓的盘整平台了。均线多头排列，就是指趋势处于盘整或整体向上运行中。如果个股没有满足这个条件，就不要再关注这只股票了，因为它不适合应用这个战法。

下面来看金牌橱柜这只股票，如图 5-3 所示。金牌橱柜是一只慢牛股，但它为什么会上涨这么多呢？下面一步步来分析。

图 5-3　金牌橱柜（603180）

首先它上市以来，均线形态整体表现为均线多头，这是其一。第二，它的上市时间在两年以内，两三个月以上。第三就是在上涨过程中几次出现了平台突破。

这三个充要条件，做次新股时大家要牢牢记在脑海里，遇到符合条件的个股，就会在第一时间形成条件反射。当你想要在图 5-3 中圆圈标注的位置买入涨停板，立即就会有一个声音告诉你：“此处不可以。”你的交易系统这时会问你一句，它建立调整平台了吗？没有，圆圈位置行情只是出现了脉冲式上涨。如果把当时的走势看作是一个盘整平台，作为分析师，笔者并不认同，因为它只是一个普通的上涨小波段。

那么什么叫做平台呢？行业内对它有这么一个定义，就是股票经过长时间的整理，形成一个价格上下相差不大的箱体通道，叫做平台。如果某一天，这只股票突然放出巨量，一举突破这个平台中的最高价，股价超出了箱体的上轨线压力区，就叫做平台突破。

均线最大的作用就是提示趋势方向。在均线多头背景下，对这个平台的第二个技术要求就是底部必须要不断抬高。

行情在箱体突破的位置就是买点，这个突破点也是一个抓涨停板的位置。这种突破买法，只需要在箱体的上沿画一条直线，接下来就是耐心等待，什么时候股价有效突破了这条线，什么时候就是一个好的买点。对于老股民来说，箱体的上轨只需目测就知道在哪儿，但对于入市不久的新股民来说，最好画一条直线，这样有助于即时判断买点。

如图 5–4 所示，华通热力这只个股，当你在临盘发现它走出箱体平台后，只需要调出画线工具，用水平线在两个高点之间连接一条直线，在这波震荡行情的低点画一条平行线，就形成了一个箱体平台。

判断该股是不是符合次新股 K 线形态抓涨停的具体要求，还要在下方画出一条趋势线，看看底部是不是在逐级抬高。这条趋势线必须是向上倾斜的，偶尔点位打漏一点点也无伤大雅，只要大的格局没有改变，漏底后快速上来也算是合乎要求，但是以不打漏为上品。这几个细节，投资者在盘面分析的时候一定要一步步地检查。

当走势形成箱体结构后，还要坚持“不见信号不开仓，不见突破不买股”这一原则。信号就是发令枪，一枪打进刚刚涨停突破的一板或二板，就会有不小的收获。如果在突破的当天没有机会买入，第二天也要敢于追高买进。

图 5-4 华通热力（002893）

如图 5-5 所示，华通热力是一个次新股 K 线形态抓涨停的成功案例，下面再回过头来看看这些 K 线，看看该股在前期走势中都有哪些特点，或者能否找出其中的规律。

首先该股股价见顶后，经历了 A、B、C 三个浪形的下跌，中间是 B 浪的反弹，随后是 C 浪大幅杀跌。在 C 浪末端，个股构筑了第一个底部。遇到这种下跌创出新低的个股，在没有见到二底抬高之前，再好的买入机会都不要参与。这种反弹上涨，即使知道有获利空间也不要做，因为在这个点位风险远远大于收益。只有放弃一些机会，才能抓住一些机会。

二底反弹行情做不做呢？关键看是否突破盘整平台。在一底与二底之间还没有形成一个很漂亮的盘整平台，也没有对前高形成突破，所以也不要做。只有到了第三次触底后，股价对盘整平台实现有效突破的时候，交易者才可以参与。一底与三底之间有这么多

K 线，做错了一根都有可能踏入陷阱。行情做早了要参与调整行情，做晚了又错过了上涨行情，只有把握住突破节点，才能不早不晚，刚好吃到最肥美的一段上涨行情。

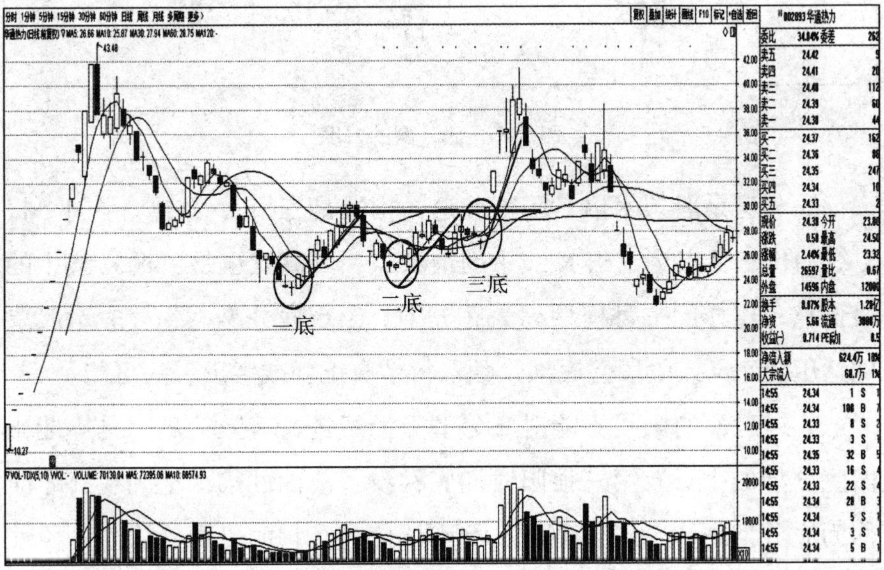

图 5-5　华通热力（002893）

在股价构筑一底、二底的时候，容易出现底分型结构。底分型是底部反转结构。在第三个底部，或是平台突破之前的位置，一般不会出现底分型。突破位置出现的 K 线组合，大多是多方炮和上升三法形态。

二底抬高打破了下降趋势，确立了上升趋势形成。在一底、二底所谓的低点，一定要出现明确的底分型。越是形态明显的底分型，越能显示出主力庄家操盘的迹象。如果跌下来再涨上去，底分型模糊不清，虽然后市也有可能出现上涨，但是行情绝不会有太大的涨幅。底分型越是清晰明了越完美，出现这样的底分型，后市涨幅有可能超乎想象。从筹码角度来说，底分型代表了主力控盘的力道。

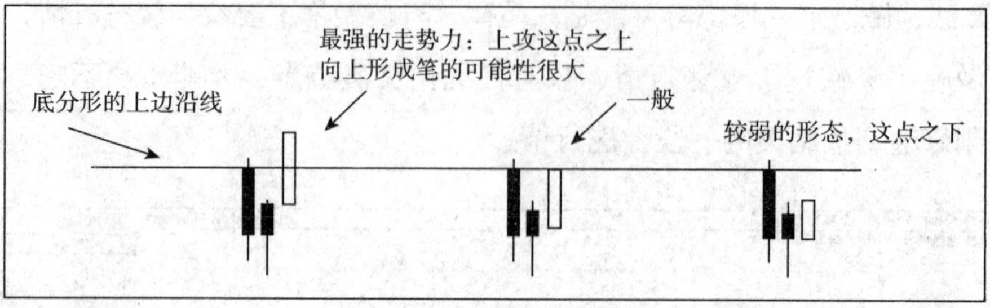

图 5-6　底分型的力度

底分型是股票术语，源于缠论，指的是三根 K 线中，中间一根 K 线的价格低点为三根 K 线中的最低点，其高点也是三根 K 线中的最低点，这样的一种模型称为底分型。出现底分型，一般表示股票到达历史底部或阶段性底部，预示行情有反弹或者反转的可能。

如果后面的阳线不能对底分型上沿线进行有效突破，是不能叫做底分型的。只有第三根阳线彻底吞没了前面的第一根阴线，才能称为底分型结构。底分型是一种确认信号，它的出现确认了阶段性底部形成。鉴定任何事物都有一个标准，如果我们把这个底分型的上沿线定为 60 分，同样的一个技术形态，可能有的只是 59 分，有的则是 61 分。只有价格明确超越这条直线，底分型才算是确认有效。

底分型是股价在底部由下跌转为上涨的一个筑底形态。

图 5-5 中，华通热力第一次和第二次筑底过程中走出了十字星小阴线、止跌反击线、反转 K 线，这些 K 线组合在一起，共同构成了底分型结构。两个底分型都比较完美，一眼就能辨别出形态特点。

构筑完成了两次底分型结构以后，上涨趋势形成，随后形成箱体平台。股价第三次对箱体平台向上突破，就是抓涨停板的位置。

在价格突破之前，还要关注每次上涨都伴随着量能的有效放大，三次放量缺一不可。

图 5-7 是华通热力 K 线走势图的局部放大，从图中的标注可以看出，第一次突破底分型上沿线的时候，成交量明显放大。第二次突破底分型上沿线的时候，成交量也同步放大。第三次突破箱体平台的时候，量能也配合出现有效放量。这种逐级放量的现象叫做底部三放量或放量三突破。

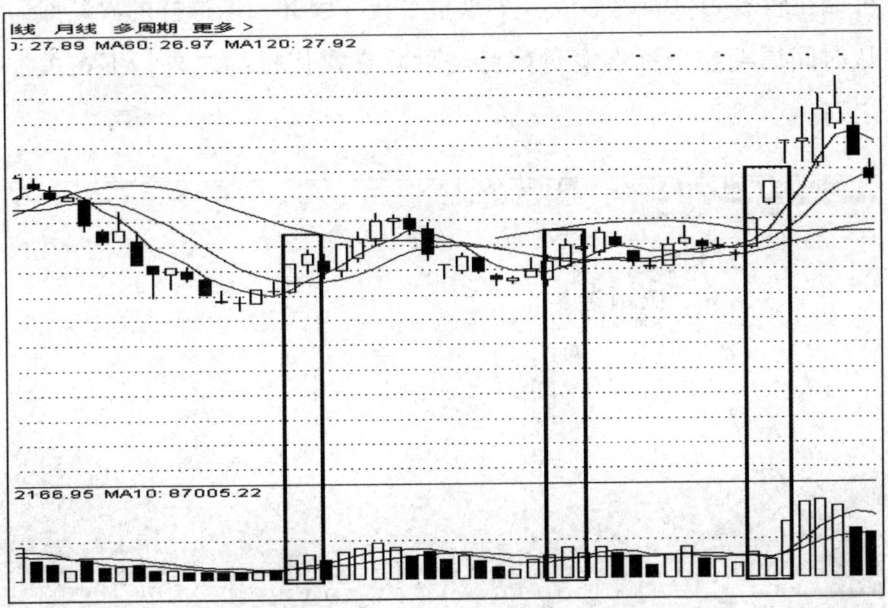

图 5-7 华通热力（002893）

在最后一次上涨即出现平台突破的时候，一般会出现阴阳搓揉线、多方炮、上升三法等上攻形态。华通热力在突破前就出现了上升三法形态。

这里强调一点，底分型成立后的向上涨升和突破，一定要满足三次放量突破的条件，两次放量都不能算是满足条件。三次放量突破，分别是两个底分型的突破外加一个平台上涨突破。对于放量，突破当天比上一个交易日成交量有所放大就可以，只和前边一根 K

线比，不要和前几个交易日去比，更不能和后市的成交量对比。所谓放量和缩量，只针对前一天的成交量，隔一天都没有可比性。这里所说的放量是单根 K 线放量，并非区间放量。

如图 5–8 所示，像天地数码这种个股，上市时间根本还不到 3 个月，它的 K 线连 60 根都不到，能够提供的分析数据太少，也不可能在较短的时间内形成一个盘整平台，因此，像这样的次新股，从时间周期这个标准衡量就已经剔除在操作标的之外，不在关注之列。

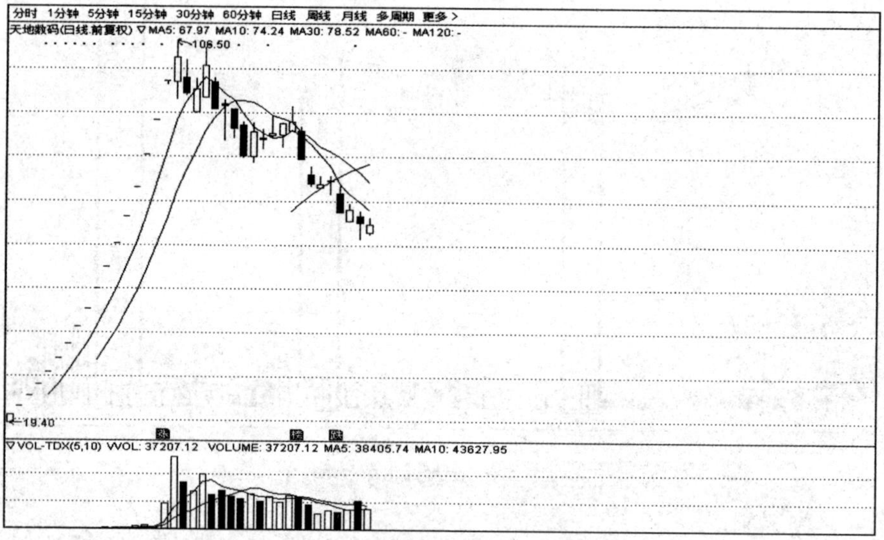

图 5–8　天地数码（300743）

如图 5–9 所示，从时间周期上看，梅轮电梯是满足条件的，但是该股均线是向下发散的，同样也属于淘汰的个股。

选股一定要选择均线多头排列的个股，这是重要的条件。均线最大的作用就是提示趋势，均线多头排列就代表着个股处于上升趋势当中。

如图 5–10 所示，天安新材这只个股，从时间周期来说是符合

图 5-9 梅轮电梯（603321）

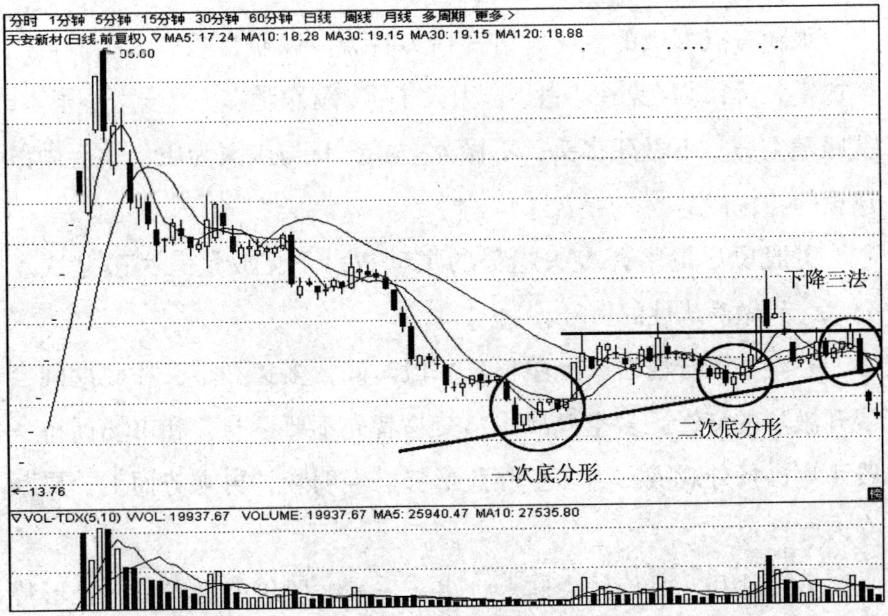

图 5-10 天安新材（603725）

选股条件的，均线也逐渐走成了多头排列，底部出现了明显抬高，并且底部出现了明显的底分型，可是为什么这种图形走势最终失败了呢？

原因就是它只有两次放量突破，第三次到了平台突破的当口，却没有出现有效的放量突破，K 线形态反而演化成了一个下降三法，从而导致上升趋势夭折，随后股价出现了连续的下跌。

该股缺少的技术条件，就是第三次平台放量突破，所以实战中把平台放量突破放在了非常重要的位置。这个技术要点不满足，一切都是棉花地失火——免弹（谈）。

散户喜欢低位抄底，主力喜欢拉高建仓，这就是思维方式的不同。趋势量化交易和其他技术分析的区别在于，趋势量化交易强调跟随趋势，其他技术分析则基于预测，二者相比，明显跟随市场进行操作更胜一筹。

跟随有点太极的意味，讲究借力打力，以迎合顺势为主。自己变成零矢量，才能无往不胜。合力大于零，就跟随多方，合力小于零，就跟随空方。不做死多头，不做死空头，只与庄家为伍，学会做散户里的“叛徒”。

买股要尽量掌握多头趋势的主动权，不见放量三突破坚决不介入，只做确认性的信号。

一波上涨行情需要酝酿很长一段时间，多头和空头在此期间会展开激烈的交锋。多空鏖战中，交易者先不要参与，和市场保持一段距离，场外观战，当多空胜负形势已经明晰，再乘势而上，果断介入。

多头胜利，股价就会向上；多头失利，股价就会向下。在形势没有明确之前，所有的皇子都有可能成为王者。交易者要避开这种不确定性，以免站错了队。只有多方取得决定性的胜利，股价明确选择向上突破，这时再快马加鞭，随多头进场，从中分得一杯羹。

【股神讲述】介入一只次新股，要按照以下几点逐个检查。首先要确认一点：平台突破。这个要点是建立在其他五个要点之上的。

五个要点要牢记。

（1）上市时间两个月到两年。

（2）均线多头排列。

（3）底部不断抬高。

（4）出现明确的底分型。

（5）放量三突破（包括攻击形态的上涨）。

运用次新股K线形态抓涨停这种战法，必须要满足以上所有条件。如果不满足，一定不要买入，否则入场就可能被套。如果以上条件都满足，交易成功率可以达到80%以上，突破买入不但成功率高，也是上涨速度最快的一个波段。怀胎十月，一朝分娩，酝酿了几个月的平台，就在这个突破的节点爆发。至于上涨空间和点位的预测，一般来说可以按照“横有多长，竖有多高”这个原则来预判。

成功的模式反复使用，复杂的东西简单化。该战法简单来讲就是两个底分型外加一个突破。

下面请大家找出图5-11横店影视股价走势中次新股K线形态抓涨停的五大技术要点并做一个深入的分析。

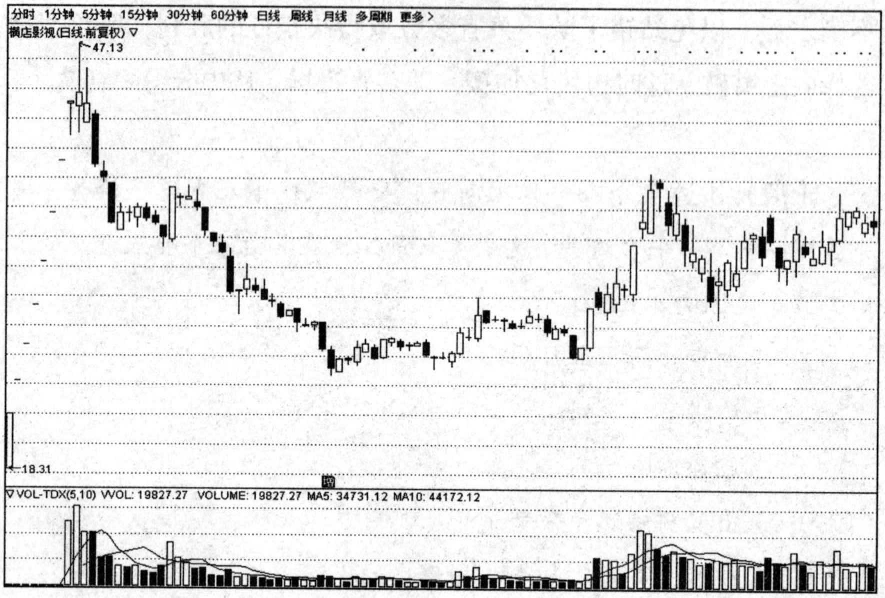

图 5-11　横店影视（603103）

第六章　次新股收 T 抓涨停

进入股市的投资者，都把自己标榜成聪明人，买卖双方都认为对手盘是错误的。其实你大可不必认为自己比别人聪明，因为谁都不傻。在本章内容正式讲解之前，首先要提醒投资者，在股市博弈，控制风险永远是第一位的，机会要放在第二位。炒股不是比短期谁赚得多，而是比谁在这个市场中活得久。炒股是复利的积累，守住本金比赚钱更重要。

次新股上市后，第一次打开一字涨停板，利用这个开板的机会抓涨停之前，要把这个战法的风险给交易者做一个充分的讲解。风险考虑到了，才能让大家在操作中少亏钱，减少一些莽撞冲动的行为。在股市操作中，尤其是追涨停，本身就是高风险、高收益的操作，这个风险大家必须要认识到。

该战法的风险在于抓 T 字星的成功率，这个成功率不是 100% 的，而是在 80% 左右。原则上来讲，做 10 次，可能会有 2 到 3 次失败。失败会亏损多少呢？一般应控制在 10%以内，个别情况会超过 10%。剔除失败的操作，那么成功的收益怎么样呢？根据回测统计，其中有 2 次到 5 次收益会超过 30%，有 2 到 3 次超过 50%的涨幅，偶尔有 1 次可能会翻倍。还有 2 到 3 次，收益维持在 5%到 10%之间。

为什么要讲 T 字星抓涨停战法，因为它获利的机会和空间都很大，是一个盈亏比较好、以小博大的高胜率战法。只要是高胜率，就值得交易者参与。

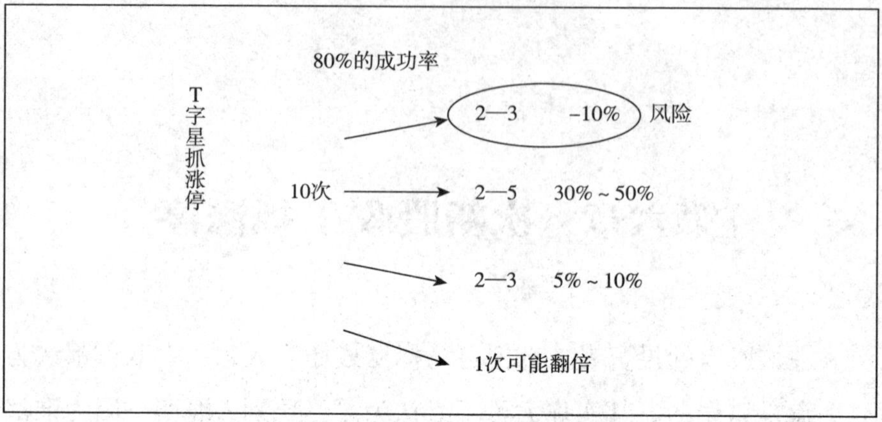

图 6-1 T 字星抓涨停的收益率

这个战法可能在不经意间就有 20%到 30%的盈利空间，做对了就是赚大钱。一般情况下会有 10%到 20%的收益，做错了顶多亏损 10%。做错了就要勇敢承认错误，以亏损 10%为止损位，及时认赔出局。所谓的风险也是存在概率的，每次交易，有 80%的可能性是能赚钱的，有 20%的可能性是亏损的。

在讲解分析技术之前，先讲一下交易理念。做股票有时候交易理念比分析技术更重要，常言道，心态第一，技术第二，说的就是这个道理。所有的交易行为都是受大脑支配的，大脑发出命令，肢体去执行，因此理念在先，技术在后。从交易的方法到交易的思想再到交易的哲学，这是从散户进阶到大作手必须经历的历程。交易的最高级别就是用信念支撑交易。在股市中要避免成为两种人，一种是缺乏逻辑，没有操作方法却偏要进场。另一种是分明入了门，却缺乏足够的自信，一受挫折就找人带盘，甚至听信小道消息。

刚才提到次新股收 T 抓涨停战法的成功率是 80%，也就是交易 10 次，可能有两次以亏损出局。

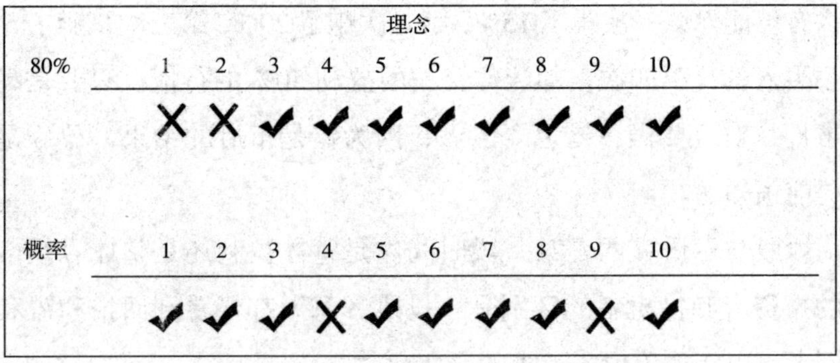

图 6-2 盈亏概率示意图

比如，某交易者总共做了 10 次交易，第一次做对了，会极大地增加他的交易信心，他就有可能按照这个模式继续交易下去。如果第一次交易失败了，亏损了 10%，他就不敢再按这个方法去操作。根据概率估计，也许他第二次就成功了。如果第二次交易还是失败了，连续做错了两次，那么只要严格按照技术要点执行操作，以后的 8 次交易可能接连都会盈利，这就是所谓的高概率交易，也叫高几率交易。

概率是随机的，如果某交易者第一次操作就出现失败，迎头一棒被打懵了，该交易者就不愿再关注这个技术，内心就会产生抵触情绪，认为该方法是无效的。实际上这是一个认识上的误区，只要这个概率是非负性，那么它对必然事件就具有规范性。如果某交易者第一次刚好做错了，往后就不再使用这个技术了，等于把以后的机会都放弃了。如果前几次运气好一点儿，第一次做对了，第二次做对了，第三次也做对了，那么就有可能在第四次出现概率上的错误。操盘手是人不是神，是人就会犯错误，互斥事件促使概率小于 1，因此这个市场没有百战百胜的操作。

有人说我做对了前三次，那么第四次不做行不行？既然是概率，那么有可能你第一次赚了15%，第二次赚了20%，第三次只赚了5%，没去买入的这第四次，却让你错失的盈利50%的行情。只要是高概率事件，对也要做，错也要去做，因为错是事后的结果，盈亏是无法提前预知的。

炒股盈亏讲究的是某一段时间内是整体盈利还是整体亏损。真正的投资者和投机者的区别是：投机者每天都要看到回报和盈利，投资者是以年为单位，追求的是年化收益。

只要盈利模式固定，不管对与错，都是同一种操作。对，是对在同一盈利模式上，错，也错在相同的模式上。随着交易经验的积累，大家会逐渐认识到，在做大量重复的交易时，随着交易次数的增加，盈亏百分比总是在一个固定的数值附近摆动，显示一定的稳定性。只要交易模型是稳定盈利的，交易者就要信任这个交易模型。

理念讲完之后，下面就来讲解技术。把时间往前推移到2017年12月22日，星期五，这一天笔者介入了华能水电这只股票。现在这只股票暂时没有参与的理由了，只是把当时的情形和条件罗列出来，作为一个标的个股进行讲解，以便大家复制这个成功的战法。

讲完这只个股，下面还会列举一些成功与失败的操作案例，作一个统筹分析，让大家明白这个战法的可行性，知道机会在哪里，风险在哪里。

对于华能水电这只个股，笔者的介入点是在T字星后第二天开盘交易时，当时行情还没有走出这么多根K线，后市走势如何，还有很大的不确定性。

华能水电上市以后，除了第一天有44%的涨幅，又连续收出了3个一字板，第四个涨停板中途开板，打开涨停后不到1个小时，主力回封涨停，次日又出现了涨停。

图 6-3 华能水电（600025）

当时笔者介入的时候，也不知道未来涨幅会有多大，对于后市行情走势持有无法把控的疑虑。当时对华能水电的收益也没太大的奢望，这一点基于对该股成交量能的分析。因为该股就是一个普通的电力股，想象的空间和炒作空间都很有限。

在股价回封 T 字板的时候，成交量过大，换手率特别高，说明在这个位置多空分歧比较大。从盘面上看，有很多恐慌盘在出逃，也有一些小心翼翼的投资者刚卖出，看到股价涨了，接着反手又买了回来，这些都是市场行为。

第二天笔者开盘介入后，当天收获了一个涨停。此时量能反而出现了缩量，这时笔者反而坚定地看涨了。从量价关系上来分析，前一天是一个大量，次日出现温和缩量上涨，或者出现平量上涨，这些都是后市看涨信号。

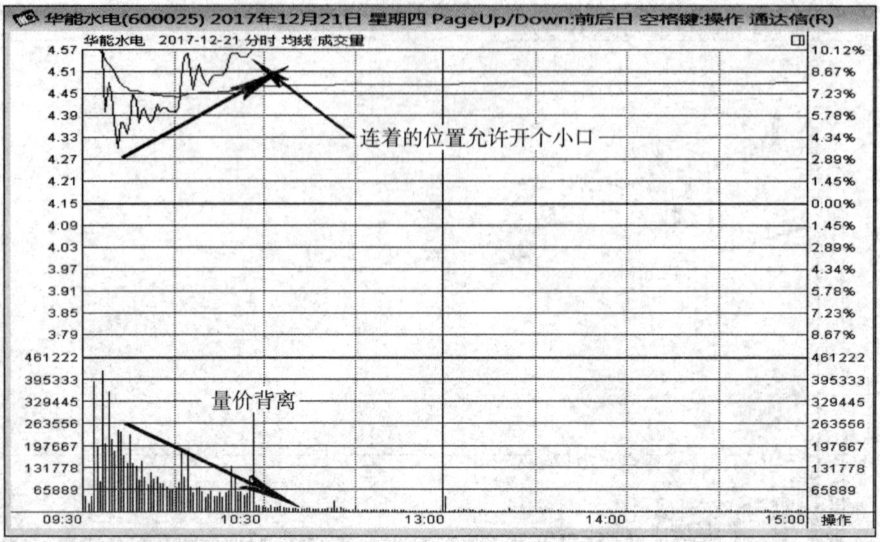

图 6-4　华能水电（600025）

新股上市当天，涨幅上限是 44%，以后几个交易日会连续出现一字板，这些一字板可能是 N 个。运用次新股收 T 抓涨停战法有一个技术重点，就是前期连续收出一字板，之后的某一天以涨停开盘，但盘中打开了涨停，收盘前又顽强地封上涨停。前期只有一字板，说明做多动能是非常强烈的。在极强的上涨行情中，当大家都看多的时候，这时候涨停板被打开了，只要分时走势中能够回封涨停，表明市场还是沉浸在看多情绪中的。如果不是以涨停开盘，只是高开了三五个百分点，说明市场看涨的观点和内心的期望不是那么强烈，那么后期走势就存在很大的变数。运用次新股收 T 抓涨停战法，要求前期必须收出多个一字板，T 字板当天必须是以涨停开盘且最终封住涨停。

华能水电当天的分时走势就相当标准：先是以涨停开盘，然后在涨停价位封板了一些时间，接着放巨量打开涨停，打开涨停之后，成交量逐渐萎缩，股价开始慢慢爬升，分时线向涨停靠拢，最终再一次封住了涨停。在分时图上股价刚刚封上涨停板的时候，可以开个小口，但是后面封板的过程中绝不允许再次打开涨停板了。在刚刚回封涨停板的位置，短暂打开涨停板是无所谓的。

分时图上这种量价配合关系叫做量价背离。量价背离，就是成交量萎缩，量能逐渐减少，而价格却在稳步上涨，这是量价背离的一种表现。另一种量价背离表现就是股价下跌，成交量反而出现了同步放大。本章着重讲解第一种量价背离，第二种量价背离不是本章关注的内容。

股价上涨，成交量萎缩，这种现象代表的市场含义是什么呢？就是市场出现了惜售，市场抛盘明显减少，大家都不想卖了，看涨的人多，看跌的人少。在多空对决的过程中，空头也出现了反水，改变阵营，加入到多头阵营中，即所谓的“空翻多”，在分时图上留下一个对勾板（√）。这样在K线形态上就形成了T字星。

第二个重点是时间，就是打开涨停以后，很快出现量价背离，最好30分钟左右再次封住涨停。回封涨停的时间也可以放宽到40分钟到1小时，但上品界定的标准是30分钟以内、量价背离封上涨停，并且后市不再打开涨停。

打开涨停的时间是不是越短越好呢？也不一定，比如说像老股票T字板开闸放水一样，中间只有短短几分钟甚至几秒钟时间的开板，这种情况也不好。不好的原因在哪里呢？时间过短，主力没有充足的时间吃货。主力吃不到货，持仓量不够，控盘力量不足，在市场中就没有话语权，不足以控制价格走势。

A股市场80%都是散户，因此中签的散户居多。机构席位账户虽说都是顶格申购，但是申购数量是有上限的，不是想申购多少就能配发多少。因为申购受限，主力想要坐庄，就只能在二级市场收集筹码。如果股价电光火石般地打开涨停，又很快封住涨停，主力资金没有机会收集到大量筹码，也就不能控制价格走势，后市股价不但不会上涨，还有可能下跌。股市博弈，无非就是资金—筹码—资金之间的转换，主力不控盘，行情走不远。涨停板打开半个小时、40 分钟或 1 个小时，有利于主力资金吸纳足够的筹码和接下来的控盘，因此对打开涨停的时间是有要求的。

第三点，就是怎么买入。原则上打开涨停板的当天不要买入，因为有许多涨停板打开后并没有出现回封。10 多年前新股打开涨停，大多数都会再次封上。现在 A 股操盘风格变了，打开涨停后的回封率比以前低了很多。打开涨停板之后，有小部分个股会震荡盘跌，因此开板当天买入并不安全，次日买入安全系数更高一点。也就是说开板之后当天见到 T 字星成功回封，第二个交易日视开盘走势酌情介入。

第二天开盘有可能高开，也有可能低开。最佳的姿态是高开一到两个百分点，平开次之，如果低开就要小心了。次日高开两三个百分点属于可以介入的情况，但高开 5% 以上，就有追高的风险，最好不要介入。如果次日开盘低开，低开幅度绝对不能超过 –2%，超过这一幅度，绝对不能买入。以上是对次日开盘买入条件的要求。

买入的下一步就是持有。既然这种战法有获利超过 30% 的可能，那么就来讲讲如何拿住一只股票。拿住一只牛股，要比买入一只好股票还难。亏钱能拿住，赚钱拿不住，这是股民的通病。针对这个问题，笔者觉得有必要在这里给大家介绍一个好办法。

从均线的角度去判断。

首先要注意 20 日均线，把修正线 20 日均线定义为操盘线。原则上股价在 20 日均线上方运行，无论是收阴线还是阳线，涨涨跌跌都是正常的。只要股价站在 20 日均线上方，就坚定持有。

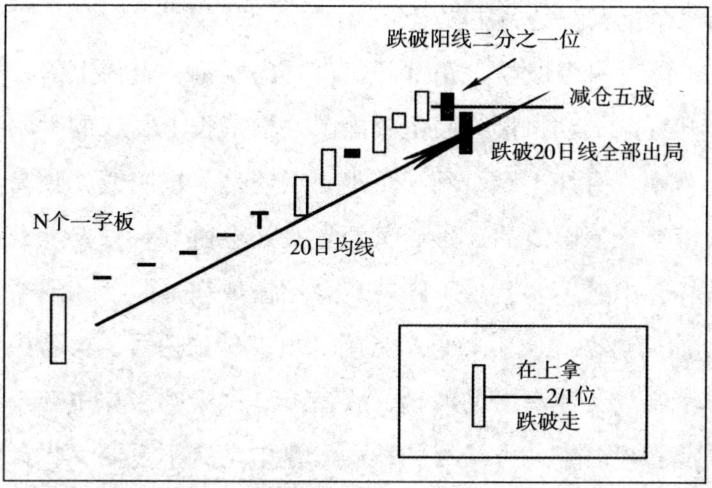

图 6–5

其二就是从 K 线的角度去判断，这里有三个重点。

第一个重点就是放弃最高求次高。

假设收 T 字星后，又收出了一两个涨停板，后市出现了接二连三的上涨，有了巨大的涨幅，如何能够拿住呢？要想把一只好股票拿住，就不能追求卖在最高点。想卖在最高点，就永远卖不到最高点，就像“慢即是快” 样。

短线高点有两种，第一种是分时图波动的高点，第二种是波段上的高点。在分时图上，有可能一个脉冲波股价上冲了八九个百分点。这时你会产生赶快把股票卖了的想法，殊不知高点以后还会有更高的高点。看见个股急速拉升就有卖出的冲动，一定拿不住好股票。高点都是走出来之后才能看得明白，可能你曾经经历过最高点，但绝不会卖到最高点。实战中，只要能卖在最高点后的次高点，就已经算是高手了。

也就是说，在波段操作中，把股票卖在最高点是不可能的事，这只是散户的一种奢望。

第二个重点就是关注收盘价。

有可能某只个股早盘正常开盘，日内股价一直往上涨，可是到了下午却开始下跌，最终股价收出了一根带长上影线的大阴线。也有可能盘中一直往下跌，到了下午 1 点还是一根阴线，收盘却收出了一根带有长下影线的 K 线，甚至尾盘还会翻红。只要上升趋势没有被破坏，中途不要看见下跌就着急忙慌地往外抛，一定要等到下午 2:50 前后再做决定。如果尾盘确认出现见顶信号，再考虑卖出也不迟。不要只关注盘中的波动，收盘才是一天的多空争夺出结果，收盘才能看出多空双方最终的输赢。盘中走势不重要，收盘价格才重要。有些做固态盘的高手平时只看开盘和收盘，原因就在于此。

第三就是对收盘价与前一根 K 线的二分位作比对。

收盘价收在前一根 K 线的二分位以上就继续持有，跌破二分位就出局。这里牵扯到一个利润回吐的问题，在收阴线之前卖出，相对价格要高，收了阴线之后卖出，因为股价已经跌了下来，因此利润肯定会回吐一部分。

鱼与熊掌永远不可兼得，想卖到最高，却永远不可能卖到最高。好的股票只要按照上文所讲的两条去执行，在持股的过程中就能做到立场坚定，否则上涨波段拿不住，白白浪费了获利的机会。只要股价维持上涨，不管收阴线还是阳线，都要坚定持有，走一步看一步，直到某天破位之后再止盈出局。

以上讲的这个方法，虽然只是把股票卖在了次高点，但是却锁定了绝大部分上涨行情带来的利润。这也是给投资者指一条明路，教大家怎样才能把一只好股票拿住。

以华能水电为例，如图 6-6 所示，该股在圆圈所示的高位收了一根长长的大阴线，如果把它看成疑似下跌信号的乌云盖顶形态，可能就会选择立即出局。如果在当天开盘时出局，成交价肯定比收

图 6-6　华能水电（600025）

盘价格要高。可是第二天股价并没有继续下跌，也就是没有对乌云盖顶这个卖出信号予以确认，反而拉出了一个涨停，对前一根阴线进行了一个反包，这种K线组合就是倒拔杨柳。

之后股价又拉出了一个涨停，直到高位阴线跌破了前一天阳线的二分位，才见到明确的出局信号，不过这时赚的利润是不是要比前一根阴线出局高了很多呢？第一根阴线收盘的当天，这根K线也挺吓人的，但是要想把一只好股票拿住，就得有足够的心理定力，磨练出强大的抗打击能力。和常人不同，才能获得他人无法享受的快乐。

这里所举的案例，有成功的，也有失败的，操作中的可为与不可为，笔者都会从原理上一一做出分析，让大家知道遇到这些问题之后应该如何面对。

如图 6–7 所示，易德龙收出的 T 字板，涨停开盘这个条件是符合的。假设所有条件中每一项是 10 分的话，该股这一项是满分 10 分。接下来再看分时走势上有没有问题。

如图 6–8 所示，从量价关系上看，量价背离这一条是满足要求的，可以给 10 分。从回封涨停的时间上看，打开涨停持续的时间过长，这个条件如果满分是 10 分，给它的评估只能是 5 分。

第三个条件就是封板之后不能再次打开，可是该股回封之后，明显又打开了一次，而且下面还有一小部分成交量，说明有人出逃，因此这一项分数是 0 分。如果分时图中的三个重点满分是 30 分的话，那么易德龙的这个 T 字板就只能得到 15 分了。如果说 20 分算及格，那么 15 分就应该放弃。

再看第二天的走势，如图 6–7 所示。第二天开盘低开了很多，大约低开了 5 个百分点。看到这里，该股就应该完全放弃了。如果还有人抱有幻想，硬要去买入，第三个交易日也有一个涨停，但在阴线跌破了前一根阳线的二分位后，就要执行原先的预案，在收盘前必须清仓出局。

如图 6–9 所示，像道道全这种股票，也是不可以介入的。该股盘中也出现了 T 字星，就算当天走势满足所有介入的条件，因为第二天高开太多，几乎以涨停开盘，此时买入就属于追高了。次新股收 T 抓涨停战法，原则上不要追高。

次新股收 T 字星后，次日再次涨停，有些个股行情还会继续下去，但有些个股则不给追高的人任何出逃机会。上文说过，次日高开两三个点是可以介入的，但谨防冲高行情一步到位，高开太多切记不要追买。尤其是第二天涨停的成交量大过前一根 T 字板的成交量，更不能追买，但第二天缩量上涨或是平量上涨，盘中可以视行情走势酌情买入。

图 6-7　易德龙（603380）

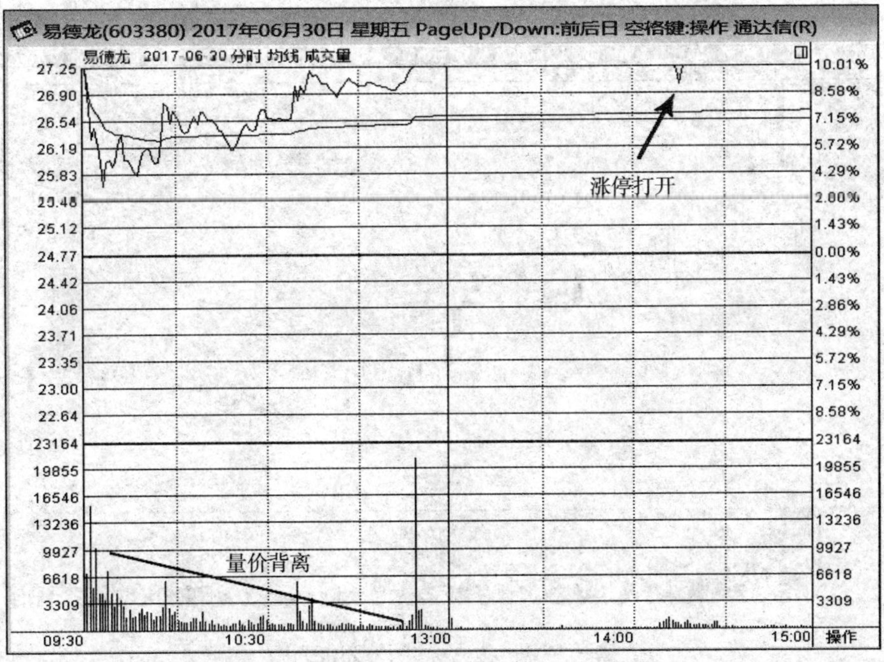

图 6-8　易德龙（603380）

图 6-9　道道全（002852）

图 6-10　众源新材（603527）

行者问路，明得失，知进退。买股要把所有因素都考虑进去，只有这样才能少犯错误。

如图 6-10 所示，众源新材收出 T 字星之后，后市涨幅达到了二三十个百分点，那么收 T 字板当天，分时走势是否符合买入条件呢？

如图 6-11 所示，从分时图上看，次新股收 T 抓涨停的几个条件都是满足的。就是下午 1 点过后，涨停板稍微打开了一下，成交量出现了放量，但是打开的不太明显。最大的担心是第二天开盘，第二天开盘是高开的，且高开幅度稍大。四个条件满足了三个，根据盘中走势评估，该股还是可以介入的。第二天介入后，后市可以实现 20% 以上的获利。待阴线跌破前一天阳线的二分位，此时止盈出局就可以了。

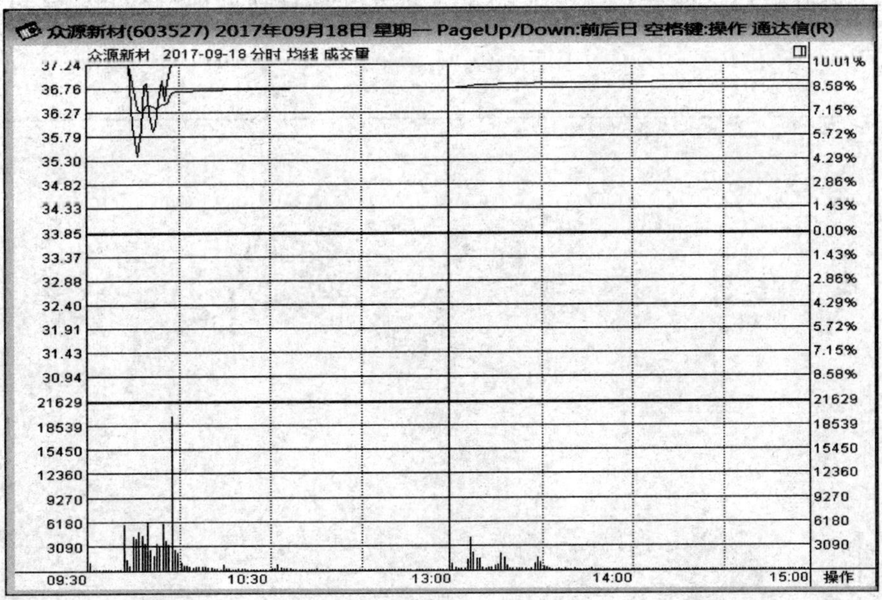

图 6-11 众源新材（603527）

“王者不辩，辩则少威焉。”行就是行，不行就是不行，无需争辩。符合入场条件就操作，不符合入场条件就观望，盈利就这么简单。当然这是一个成功的案例，下面再来看一个失败的案例。

如图 6–12 所示，电连技术也有一个 T 字板，可是该股是调整以后再上涨的，涨幅也不大。那么当天它的分时走势是什么情况呢？

如图 6–13 所示，电连技术分时走势唯一的缺点就是涨停板打开的时间太长了，中间出现过两次短时间的回封。虽然该股尾盘封住了涨停，但全天有三分之二的时间是开板状态，因此该股不可介入。

如图 6–14 所示，白银有色这只个股，T 字板当天的分时走势是符合次新股收 T 抓涨停条件的。虽说第二天该股开盘低开，但低开幅度不大，并未超过 –2%。开盘后多头直接上攻，两三分钟即回补了低开缺口。如果第二天能够及时介入并持有到见顶，利润非常可观了。

图 6–12 电连技术（300679）

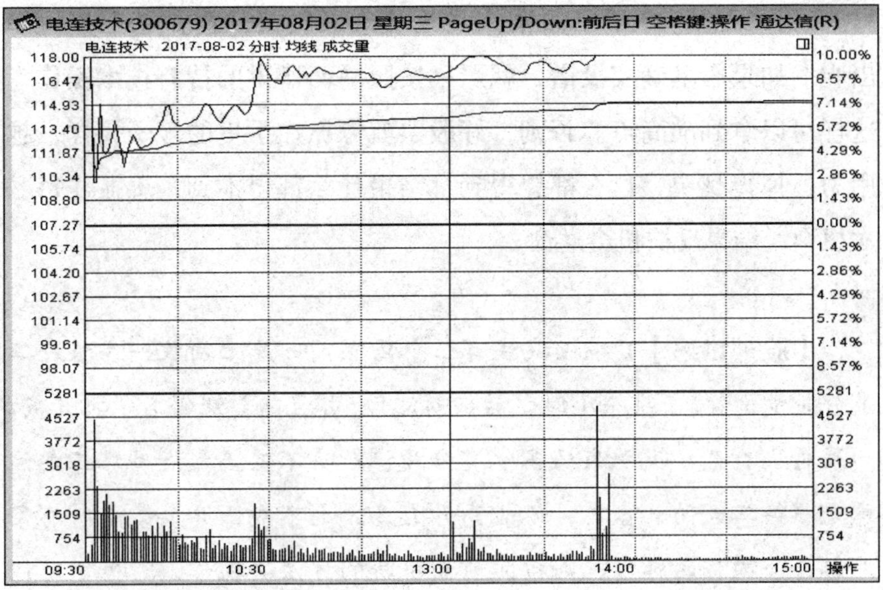

图 6-13 电连技术（300679）

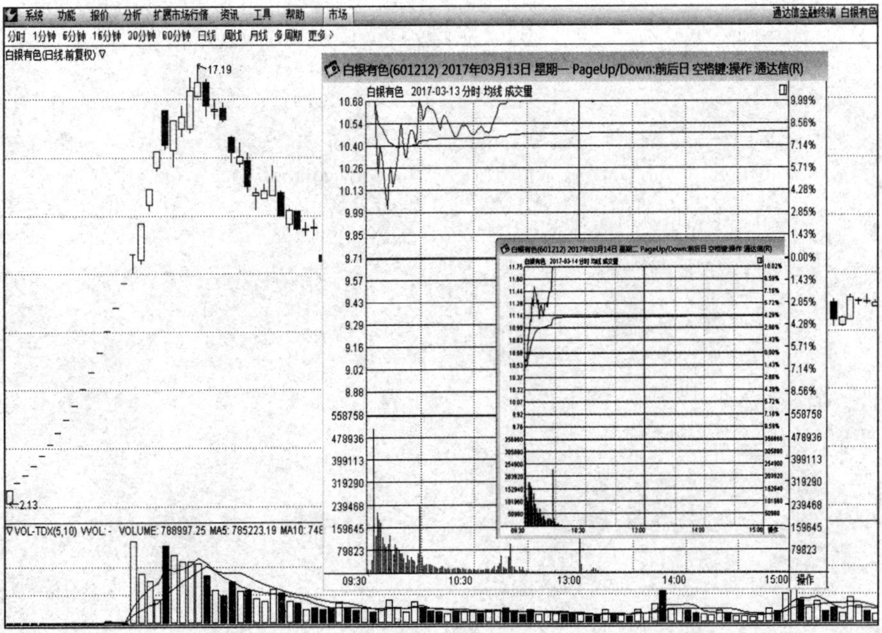

图 6-14 白银有色（601217）

请大家思考一下，如果你买入了这只股票，会在哪个点位卖出呢？如果心里确实没谱，就严格按照前面所讲的持有技术操作，这样可以拿到准高点。否则，好股票就像抓在手里的沙子一样，越用力抓掉得越快。什么都想得到，结果什么都得不到，想抓住每一次机会，结果反被机会送命。

【股神讲述】T字板战法有三个重点，一是必须收一字板。二是分时量价背离，半个小时之后回封涨停，并且回封涨停后不再开板。如果再次打开，说明市场多空有分歧，后市不宜坚定看多。三是注意观察第二天的开盘价，不能高开太多，也不能低开太多。所有条件都符合操作的标准，则按照前面讲解的方法去操作，大概率可以获得不错的市场回报。在这里强调一点：市场是灵活的，盈利概率是固定的。

第七章　老股T字星抓涨停

本章讲述的老股票T字星抓涨停战法，是一个成熟的交易模型。利用该方法交易，并非每天都有买入的机会。但是如果大家偶尔发现这样的操作机会，股价走势符合本章所讲的一些交易条件，大胆去操作，成功率还是很高的，收益也相当不错。

老股票T字星战法有两个技术重点，一个要求是老股票，也就是上市时间两年以上的个股。第二个要求是收出T字星，也就是盘中出现了一字涨停，其间打开涨停但最终收T字星。本章主要围绕这两个技术重点进行讲解。

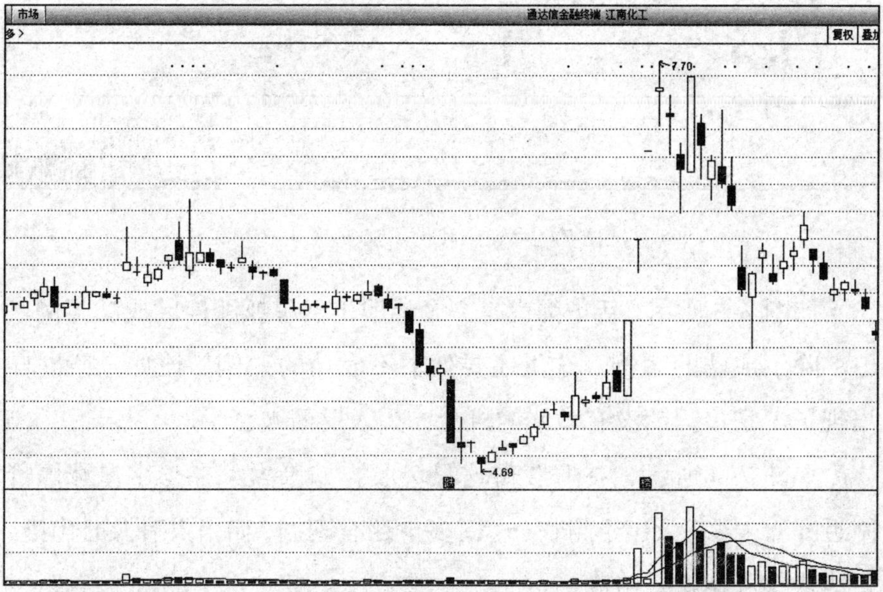

图7-1　江南化工（002226）

图 7–1 是江南化工的 K 线走势图。该股在上涨过程中曾经出现过 T 字星，之后出现了一个一字板，然后再次冲击涨停但被打开。如果大家在 T 字涨停当天买入，在高点或次高点止盈退出，将会有近 17 个百分点的收益，这是一个老股 T 字星抓涨停的案例。

如图 7–2 所示，道森股份同样在股价上涨途中出现了 T 字星，后市还接连出现了 4 个涨停板，短期涨幅惊人。实盘中，股价从 17 元涨到了 24 元，利润空间达到 7 元。

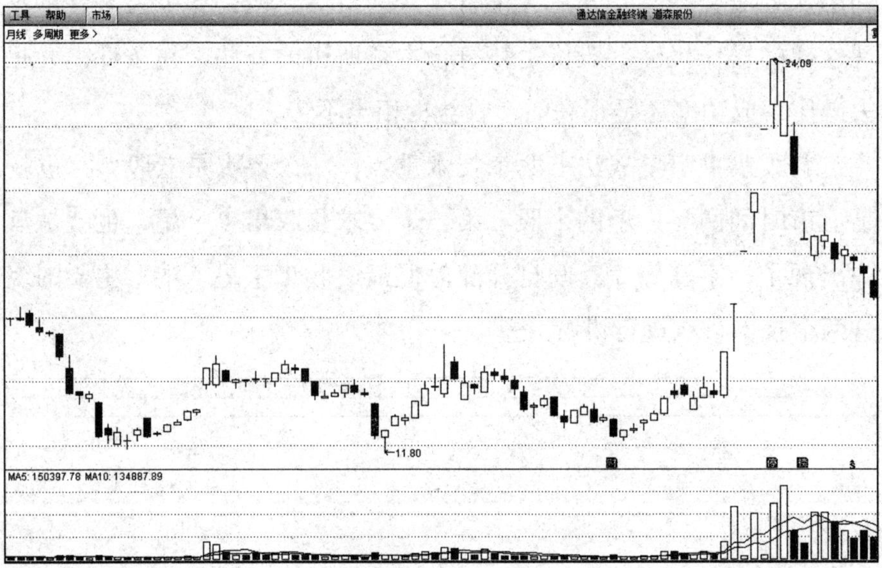

图 7–2 道森股份（603800）

如图 7–3 所示，新华都也是一个老股 T 字星抓涨停的成功案例。

除了成功的案例，这里还要列举不成功的案例。比如个股同样出现了 T 字星，却没有赚钱的机会，买入反而被套了。

如图 7–4 所示，林海股份这只个股，如果大家在 T 字星涨停价附近介入，第二天出逃得快一点，多少还有利润，如果没有及时出逃，短线操作可能就要赔钱。

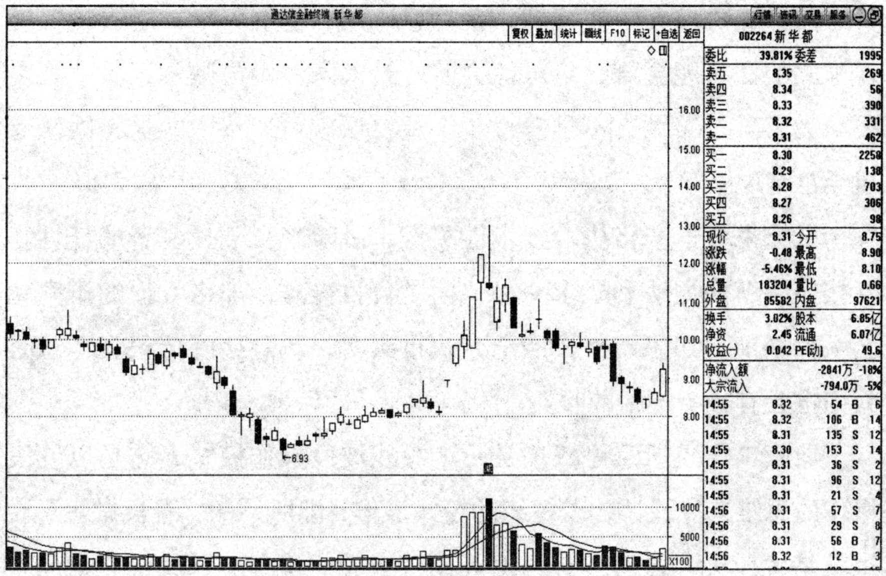

图 7-3　新华都（002264）

图 7-4　林海股份（600099）

列举成功与失败的案例，就是想让大家了解一下，老股T字星抓涨停战法可能会赚，也可能会赔。给大家展示失败的案例，也是要给大家敲个警钟，不是发现T字星以后就可以买入，这种战法有机会也有风险。

机会来自于严格执行技术性买点，风险来自于投资者的任性。不按照讲解的方法和要求交易，而是盲目操作，那么亏损的概率就会大大增加。如果严格按照纪律执行买卖，风险会降低很多，短时间内也会有一个不错的收益。

老股T字星抓涨停战法是一个短线波段操作模式，它是以波段操作的思维选择股票，以短线的模式操作，即所谓的“看长做短”。也就是说，买入之后持有一两天或三五天，获利之后就快速出局。该方法作为一个短线战法，成功的概率还是很高的，前提是大家要严格执行操作要点。

在讲解技术之前，先给大家作个提示。老股T字星抓涨停战法有几个技术重点，一是以短线操作为主，二是必须以趋势量化交易系统的A点或者B点为买入条件。不要由着性子操作，看到T字星就想把利润收入囊中，这样的话你会在市场中吃亏的。

重复一遍，这两个技术要点很简单，一是短线操作，二是股价突破A点和B点，C点最好不操作（A、B、C精准买点在下面“三三三交易法”中有详细的讲解）。

在讲买入条件之前，先说明一下如何在盘中发现T字星个股。

做T字星，只需把市场雷达设置成封死涨停和打开涨停两个选项，连涨停临界点7%的涨幅这一选项都取消了，选股范围在其他设置里选择“所有A股”即可。

T字星抓涨停讲究眼疾手快，要把讲到的技术要点烂熟于心，做到盘中雷达出现提示，交易者半分钟之内做出正确的判断，因为

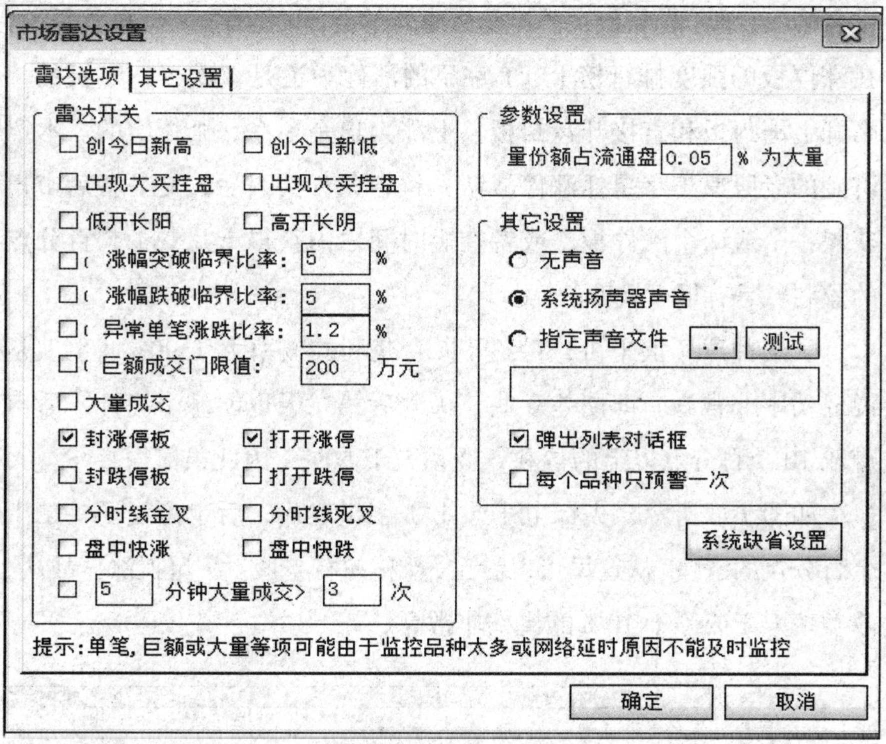

图7-5 市场雷达设置

有时T字星的开板与封板时间非常短。

雷达提示信息0.5秒更新一次，揭示的市场信息也是快速变动的。除了提示涨跌停外，还有猛烈打压、急速拉升、大笔买入等很多信息，雷达功能设置只保留打开涨停和封死涨停两项信息，也是为了避免过多的提示信息迷惑了交易者的思路和判断。

当雷达提示这些股票打开涨停板或封上涨停板之后，交易者只需要查看这些个股是不是T字星涨停即可。如果不是T字星涨停，则按其他战法做另外处理。

T字星的涨停威力很大。同样是涨停板，一字板是最强的，属于钻石级；T字星排名第二，属于黄金级；跳空高开，冲击涨停板，排名第三，属于白银级；平开震荡冲高封板，只是青铜级。也就是说，在涨停板的强度排行榜上，T字星的涨停力道是仅次于一字板的。高开上涨封板和直接开盘封板，上涨力道是不在一个档次的。本章讲到的老股票T字星抓涨停战法，符合条件买入后，交易者后市再获得一个或两个涨停板，或者在短时间之内获得十几二十个百分点的盈利，是有很大概率的。

从某种意义上来讲，T字星买入获利的概率大于90%，也就是说成功率非常高。即便差一些，买入后第二天也能赚个高开，后市赚取10个百分点以上的盈利，概率大于50%，因此很值得参与。

如图7-6所示，先锋电子收出T字星之后，后市出现了一二十个百分点的涨幅。从这里可以看出，严格执行老股T字星抓涨停战法，收益率大于或等于10%的概率非常高。

图7-6 先锋电子（002767）

如图 7–7 所示，奥特迅这只个股是以涨停板开盘的。当涨停板打开时，市场雷达会发出提示。当你看到涨停打开，想要买入的时候，要暂时压制住这个买入冲动，先考虑一下这个点位是不是符合趋势量化交易系统的突破 A 点或突破 B 点。如果符合就买入，不符合的话建议放弃操作，因为介入后收益率大于 10% 的概率大大降低，甚至可能短期被套。

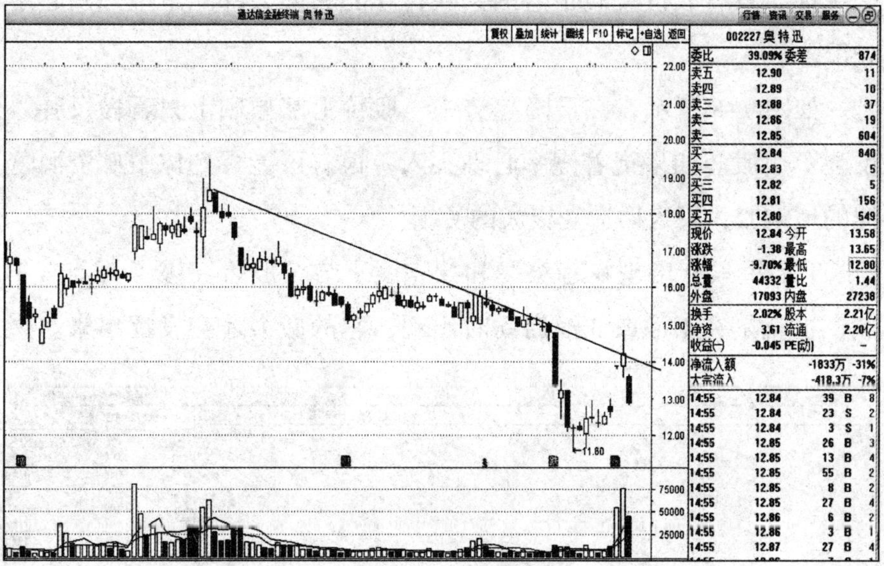

图 7–7　奥特迅（002227）

以最高点和次高点连接一道线，发现 T 字星出现的位置是在趋势线以下，因此奥特迅这只个股，原则上是不会去操作的。虽说该股第二天也有几个点的涨幅，但是我们宁可舍弃这个潜在的利润也坚决不去买入，因为它并不符合在技术上突破 A 点或突破 B 点的买点。

老股 T 字星抓涨停战法很简单，只要熟悉趋势量化交易系统，看盘过程中确认一下个股是否符合买入条件即可。

对于趋势量化交易系统，大家要掌握住一点，不是交易系统的买点，实战中要坚决回避。特别是趋势线以下所有的区域，对于该交易系统来说都是不交易的。

当股价在下降趋势中运行时，分析个股买卖点要画出两条线，第一条是趋势线，第二条是拐点线。趋势线和拐点线以下，多头做多的举动就像打游击战，偶尔打击空头一下，但对空头的攻击没有持续性。只有股价突破了这两条线，才能表明大部队集结并发起了大反攻。

如图 7–8 所示，在下降趋势中，股价上涨原则上只看做反弹，反弹不买股。如果抱着侥幸心理买入，很有可能买到像中矿资源这样的地雷股，买入后遭受很大的亏损。

T 字星只有出现在趋势线和拐点线上方，股价突破了 A 点或 B 点，也就是在 1 浪或 3 浪启动时出现，它的威力才会发挥出来。想

图 7–8　中矿资源（002738）

要稳定地赚钱，以上两个案例位置的 T 字星都不是机会，只是下跌趋势中的反弹高点。

以涨停板开盘的个股有一个特点，大多是一些停盘一段时间后复盘的个股，或是突发重大利好的股票，否则很难出现涨停板开盘。

如图 7–9 所示，通产丽星这只股票，第一个涨停是在底部出现的反包涨停板，也称作阳包阴。第四个涨停即收 T 字星的位置，股价已经突破了前面的盘整平台，创下了阶段新高。既然突破创出了新高，就解放了该股前期所有的套牢盘。主力解放了散户，不会把自己套在这个点位的，所以再次突破这个位置应该大胆买入。抓住一次这样的机会，就会有 20% 到 30% 的收益。

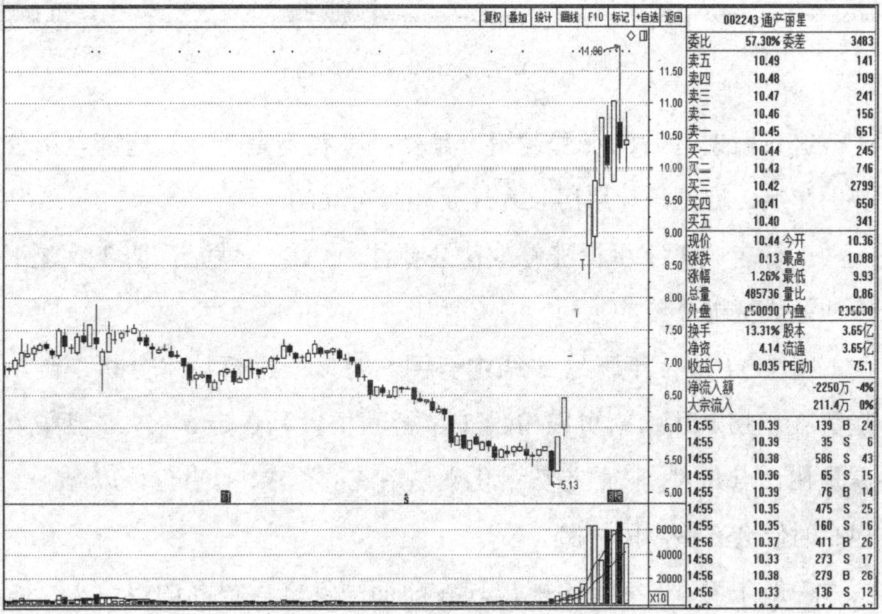

图 7–9　通产丽星（002243）

如图 7–10，北京文化这只个股，T 字星位置买入之后，也有 20% 的利润，这足以说明 T 字星抓涨停战法的成功率还是很高的。

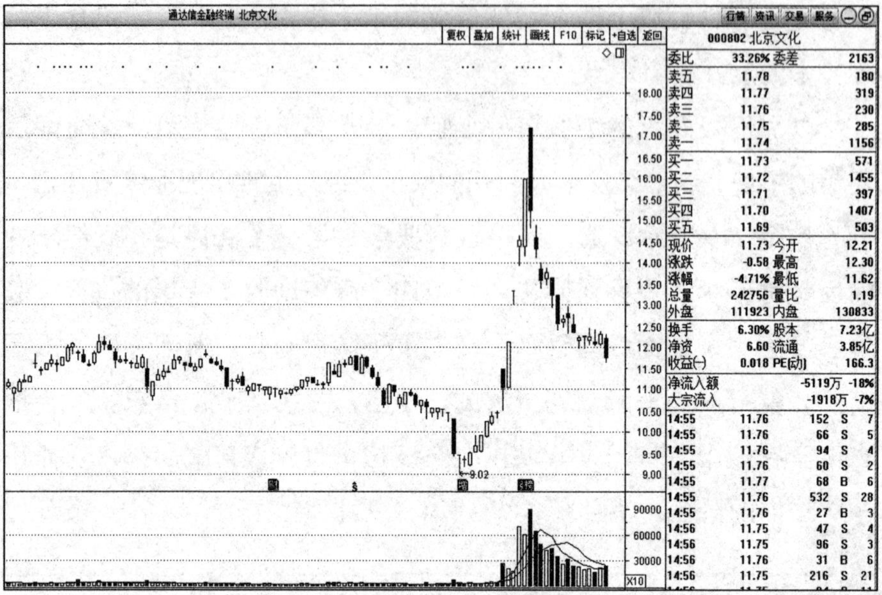

图 7-10 北京文化（000802）

这只股票背后的上涨逻辑，是受到《我不是药神》这部电影公映的影响，据说该片票房收入还是相当可观的。

执行老股 T 字星抓涨停战法还要注意一点，就是谨防 T 字星 K 线演绎成黄昏之星。

图 7-11 是万年青的 K 线走势图。对该股进行技术分析，画出趋势线、拐点线，就可以看出 T 字板的位置是在走 5 浪，5 浪买入就是在 C 点介入。按照趋势量化交易系统的要求，C 点也可以介入，但有时候会有追高的风险。

一般来说，T 字星不能出现在前期高点之后很高的点位上，否则尽量回避买入。在 C 点做 T 字星抓涨停，T 字星必须出现在前期 3 浪高点之下，因为在波浪理论中，5 浪高点是要超过 3 浪的。出于资金安全考虑，5 浪起涨点出现 T 字星还可以操作，如果 5 浪启动

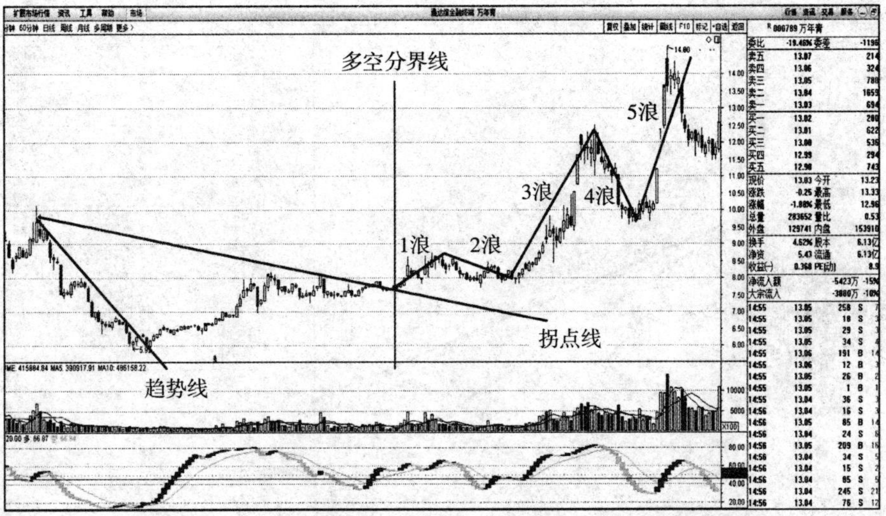

图 7-11　万年青（000789）

很久，涨幅已经很大了，此时出现 T 字星，就不要盲目介入了，即便后期可能有百分之十几的涨幅，实战中也要放弃，因为风险收益比已经太高了。

如图 7-12 所示，新华都这只个股是标准的突破 A 点买入。如果当天没有机会介入，第二天高开可以直接买进。就算第二天追高买入，整体收益还是达到了 30%。这是一次值得骄傲的操作，短短几个交易日就获得这么大的收益。

学习了本章讲解这个操作技术以后，交易者更应该认识到这个战法的价值。老股 T 字星抓涨停战法有很强的操作性，因为笔者讲解的每一个战法，都经过了大数据回测，具有很高的获利概率。趋势量化交易系统对股价的每一个拐点、每一个位置都有一个名称，能够大概率预见到股票未来的大体走势和运行方向，因此非常适合做波段操作。

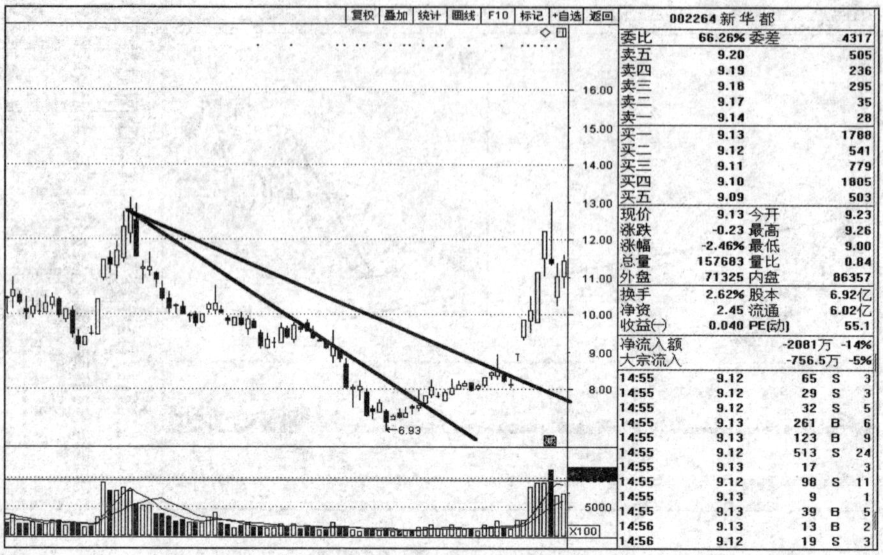

图 7-12 新华都（002264）

第八章 黄金 W 抓连板

本章主要讲解抓强势涨停个股的技巧。所谓强势股，顾名思义，就是走势很强劲，均线呈多头排列，涨势凶猛或短期内涨幅巨大的个股。本战法也是抓大牛股和白马股的一个技术。

牛股在启动上涨行情初期是很难发现的，当大家发现个股走出牛股走势的时候，股价大都已经飞到天上去了。或者当大家看到某股属于白马股时，个股 K 线已经冲上云霄，变成“天马”了。先知先觉吃肉，后知后觉喝汤。最怕的就是不知不觉的股民，当个股股价运行到高位时再去介入，八成就要为主力接单了。

本战法介于先知先觉与后知后觉之间，在个股走成大牛股或大白马形成的初期或中期，股价向上蓬勃发展的时候，利用该战法寻找大的波段操作机会。

做股票要想稳定盈利，有一套成功的交易模型很重要，成功的交易模型就是战胜市场的法宝。如果没有一套适合自己的交易模型，在这个市场上是很难稳定赚钱的。

黄金 W 抓连板，这里所说的“连板”有多种含义。一层含义是指股价可能会连续走出涨停。另外一层含义是，有的时候也许主力庄家并不想拉涨停，但股价会受到市场的追捧连续上涨，涨个不停。

这里提到了“连续涨停”或“连续上涨”这两个词。利用黄金 W 抓连板这个战法抓住的股票，一般来说股价短时间内都会出现大幅上涨，因为上涨或涨停都有持续性，所以短时间内即可获得暴利。一般情况下，抓到的个股涨幅都会达到 50% 以上，甚至翻倍的涨幅也有可能。

采用黄金 W 抓连板战法，需要大家耐心寻找和发现目标股，之后再精准地对目标股的技术形态作出判断。

“黄金 W”是两个名词的组合，“黄金”这里并非意指贵金属中的黄金，而是指的黄金分割线。W 就是双底形态，这个双底形态是黄金 W 抓连板的关键所在。

如图 8-1 所示，黄金分割线是交易软件中划线工具栏自带的一个划线工具。黄金分割线对价格有预测作用。工具栏中有三个带“黄金”字眼的划线工具，其中 GP 是黄金价位线，GA 是黄金目标线，G 是黄金分割线。黄金 W 抓连板战法使用的就是这个 G 工

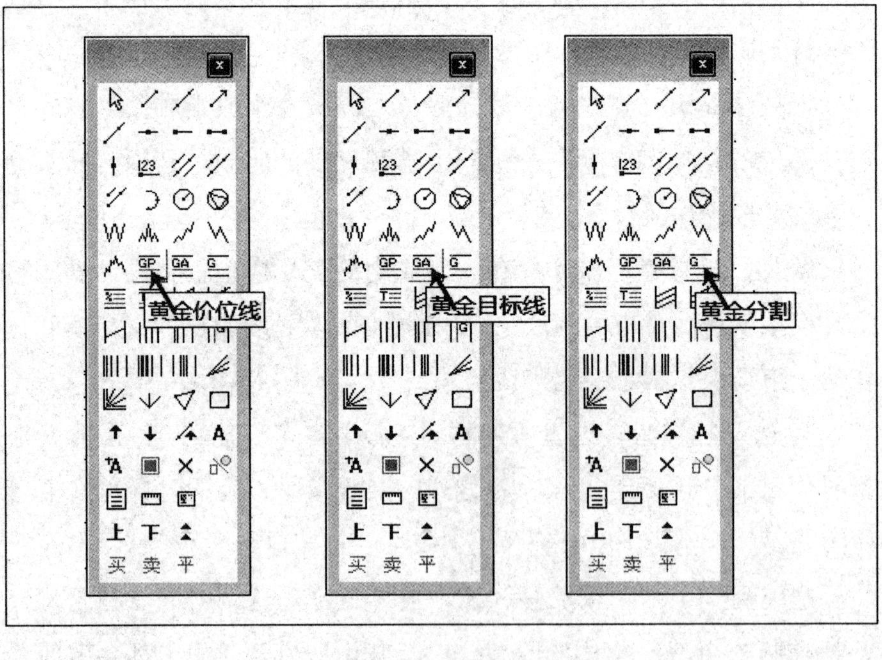

图 8-1　工具栏中的黄金分割线工具

具，也就是发挥黄金分割线对价格的预测作用。

构建一个成功的交易模型，实战中，个股就必须要满足这个模型的使用条件。如果在交易过程中毫无章法，随意交易，肯定无法达到稳定获利的效果。本书讲解的所有交易模型和战法，都有苛刻的限制条件，受到条条框框的约束。个股走势或者技术形态越是精确地满足这些限制条件，交易获胜的概率越大，获得的盈利也就越多。

黄金 W 抓连板这个战法，首先要满足的第一个条件就是均线多头排列，第二个必要条件是股价走势强势，而且走势越强越好。走势越强，这个模型越有效，买入这样的股票越容易获得成功，介入之后的股价涨幅越超乎想象，轻松达到交易者的获利预期。

多头、强势是该交易模型的两个必要条件，缺少这两个条件中的任何一条，都要直接忽略。比如，一只股票从底部启动上涨，连续拉出了几个涨停。虽说该股短期走势很强势，但此时均线却没有形成多头排列，那么这种个股就要直接过滤掉。如果个股均线已经形成多头排列，但是股价走势不强势，虽然股价重心整体上移，但走势却是进三步退两步，或者以小阳线缓慢盘升，这类个股也不符合黄金 W 抓连板的要求。

“多头”是指均线多头，就是均线按照短期均线在上、长期均线在下、各条均线自上而下地有序排列，股价在均线上方运行。

“强势”就是股价涨跌起伏大，震荡幅度和区间大。日常走势中涨得多，跌得少，再次起涨依然是涨得多，跌得少，这种行情就称为强势。

如图 8–2、图 8–3 所示，柳工、北方华创这种个股走势，就属于多头加强势走势。

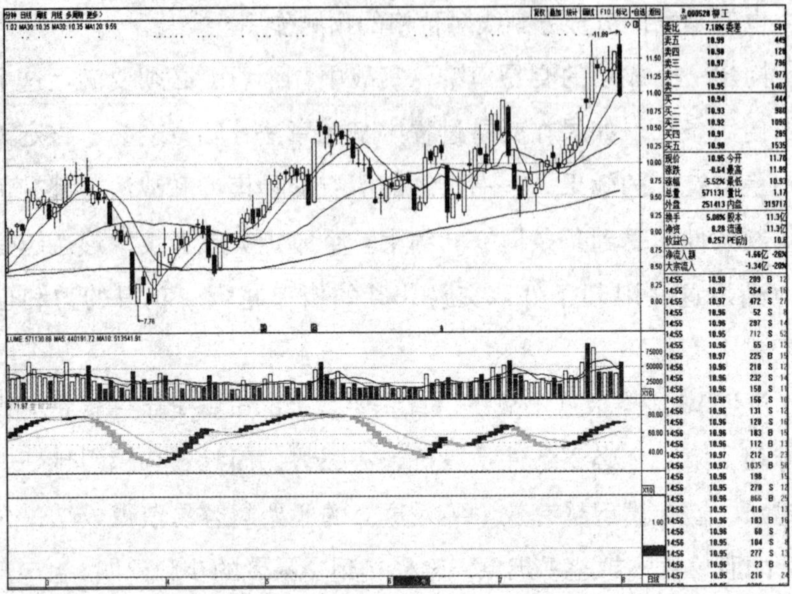

图 8-2　柳工（000528）

图 8-3　北方华创（002371）

下面再举一些实例，给大家分析一下什么样的股票符合黄金 W 抓连板的条件，以及满足这两个条件以后，介入能不能像前面所讲的那样，个股价格上涨到预定的目标点位。

强势个股，在 A 股市场中并不是时时刻刻都会出现的，也不是像交易者想象的那样，只要复盘就能找到符合强势条件的目标个股。只有在特殊环境中形成这样一种特殊的强势走势，才能达到操作的标准并获得超预期的收益率。

图 8-4 是景嘉微的 K 线走势图。在股价没有站上半年线，也就是 120 日均线之前，这种形态看一眼就要把它剔除掉。随着时间的推移和价格的上涨，股价慢慢地从空头区域走进了多头区域，均线也从空头排列变成了多头排列。当股价步入多头行情的时候，这种形态的个股就是我们要寻找的标的股，此时可以加入自选池，在适

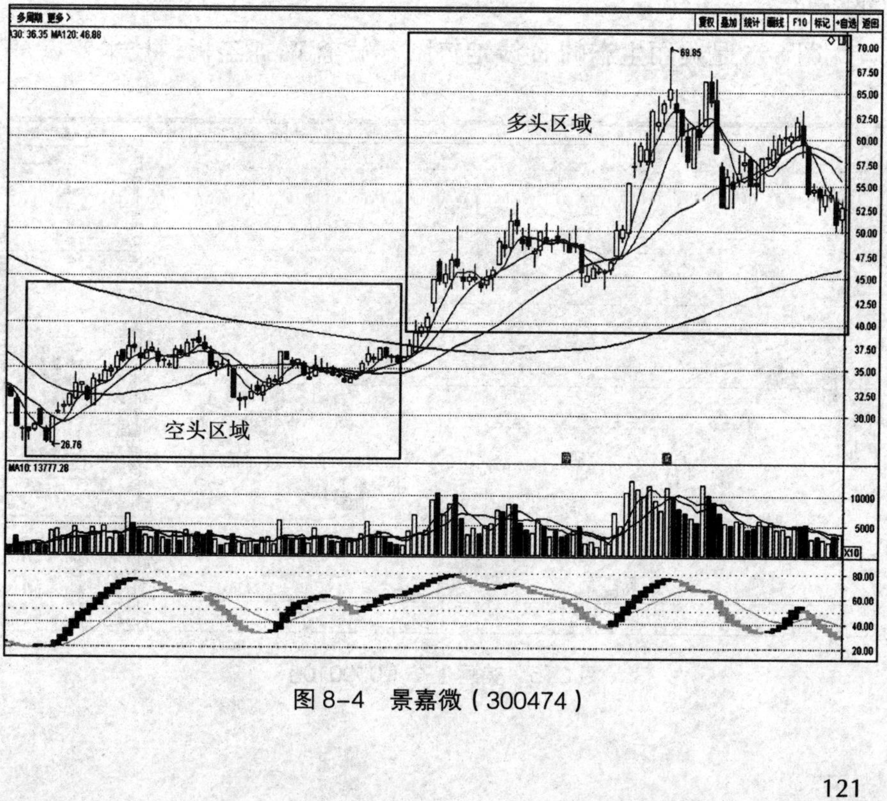

图 8-4　景嘉微（300474）

宜的时机选择介入。

加入自选的个股，要满足两个条件，一是均线多头，二是走势强势，涨跌起伏大。买股票有两种个股是要坚决舍弃的：一是无庄股，二是主力出货的个股。无庄股表现在K线形态上，就是弱势横盘的个股。主力出货的个股就是股价一直跌跌不休，均线处于空头排列状态，股价不断创新低，价格处于单边下跌走势。这两种走势的个股均没有主力庄家在场中主持大局，都是散户在交易，缺乏上涨空间，交易者要坚决回避。

找准了多头、强势的股票以后，下一步就要用到黄金分割线这个工具。首先在工具栏选择黄金分割这个工具，然后在K线图上选取一个相对低点。这个低点就是这一波行情从高位跌下来的止跌点，点击鼠标左键往上拖动，一直拖到目前走势的最高点，然后松开鼠标即可。

图8-5是美丽生态的K线走势图。黄金W抓连板，技术要点是

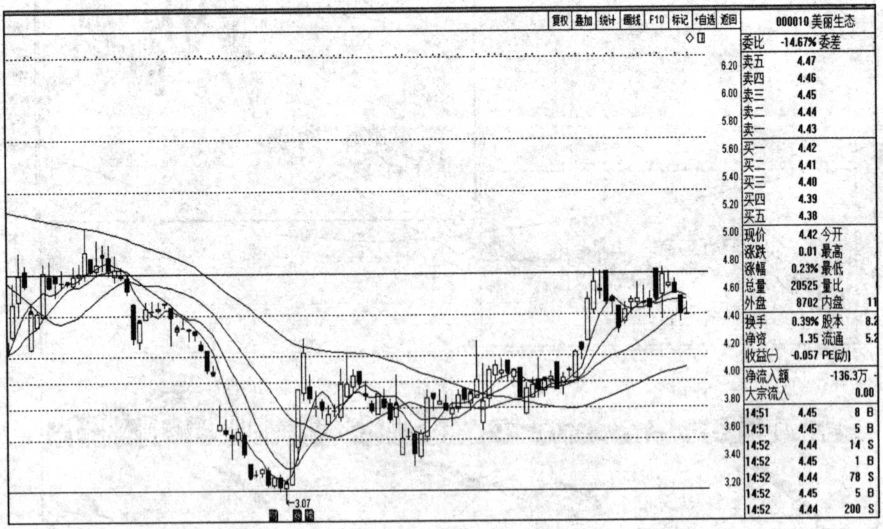

图8-5 美丽生态（000010）

这只股票一定要强势，股性不活不行，没有走入多头走势不行。从图上可以看出，这两个条件美丽生态都已经满足。

以股价最低点为基准落脚点开始画线，然后以这波行情的最高点为基准画平行线，这两道实体线就形成了黄金分割线的区间。在这个区间内，行情走势还是不太明朗，不易轻易操作。待行情走出来之后，个股K线图形就像经过修枝剪叶的盆景一样，怎么看怎么漂亮。

我们操作的不是这一段走势，而是预期的未来行情，是目前还看不见的行情。

任何一只个股，都可以用黄金分割线把它分割出来。图8-6是隆基股份的长期K线走势图，现在从中找出它处于多头、强势的那一段走势，放大出来进行分析。

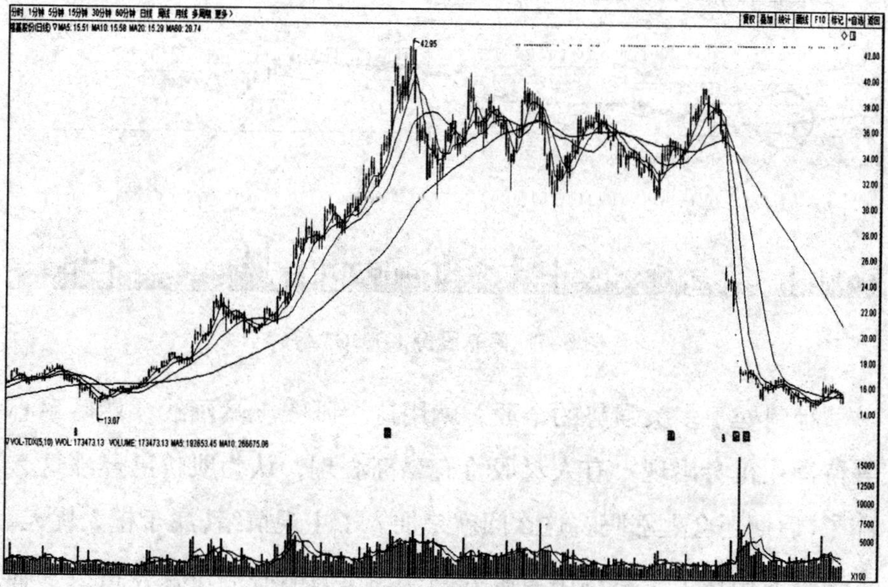

图8-6　隆基股份（601012）

如图 8-7 所示，股价从前期高点的位置跌下来，低点 A 是个相对低点。实战中，无需寻找绝对低点，有的人翻到前面一两年的最低点，这样做也不可取。一般来说，选择的低点就是三五个月之内、屏幕上所能看到的行情低点即可。图 8-7 中，A 点和 B 点的低点基本是相同的，寻找黄金分割线起始位的时候，可以准确地找到这个点，画出一条直线，然后点击鼠标左键往上拖，拖到所看到的行情的最高点，释放鼠标，就会出现一条平行线，这就是画黄金分割线的方法。

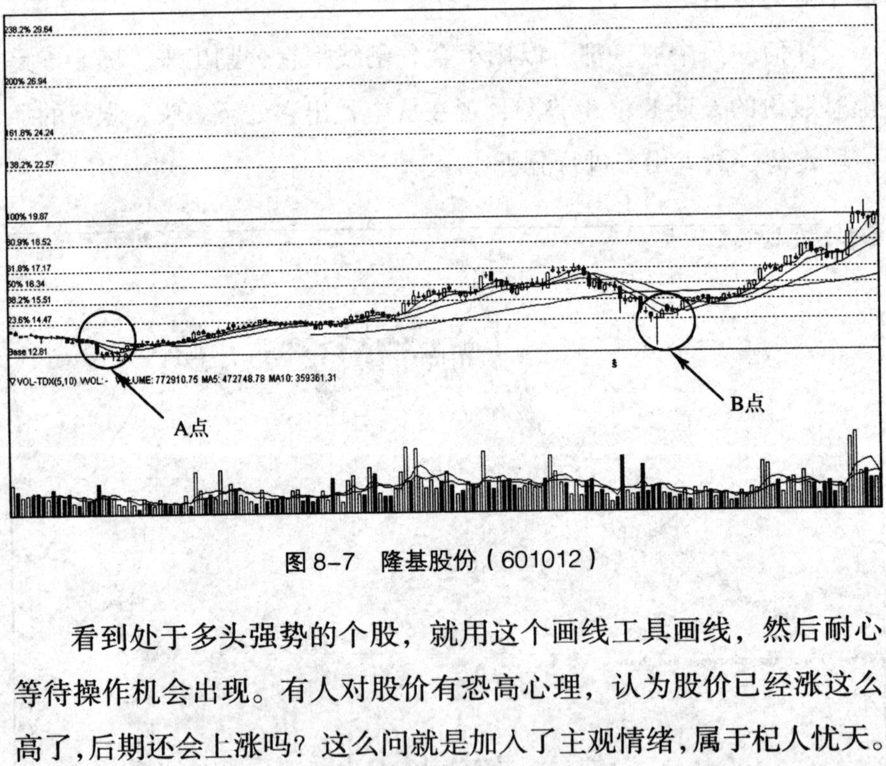

图 8-7　隆基股份（601012）

看到处于多头强势的个股，就用这个画线工具画线，然后耐心等待操作机会出现。有人对股价有恐高心理，认为股价已经涨这么高了,后期还会上涨吗？这么问就是加入了主观情绪,属于杞人忧天。大家只需用这个工具画出黄金分割线，然后耐心等待操作机会来临就可以了。

隆基股份在超过了前面的高点创出新高以后，风助火势，火趁风威，后市股价大涨特涨。

有的读者问，这个方法用在次新股可以吗？可以。老股票可以吗？可以。创业板可以吗？可以。不论板块，不论新旧，只要是股票就可以。这个战法还可以运用到期货、黄金与原油交易中，只要是用 K 线作为标记的市场，都是可以的。

如图 8-8 所示，兆易创新的高点在 A 点的位置，低点在 B 点的位置，就因为有了前面的高点，所以才有了相对的低点。为什么叫相对低点呢？因为它不是历史最低点，也就是说，相对低点前面必须有一个股价大涨的过程。黄金 W 抓连板强调股性必须要强，如果不强就直接过滤掉，所以在介入个股之前，股价必须有大涨大跌、大起大合的走势过程。在股价大涨大跌、大起大合阶段，要找一个相对的低点画线就可以，因此图中就有了低点 B。

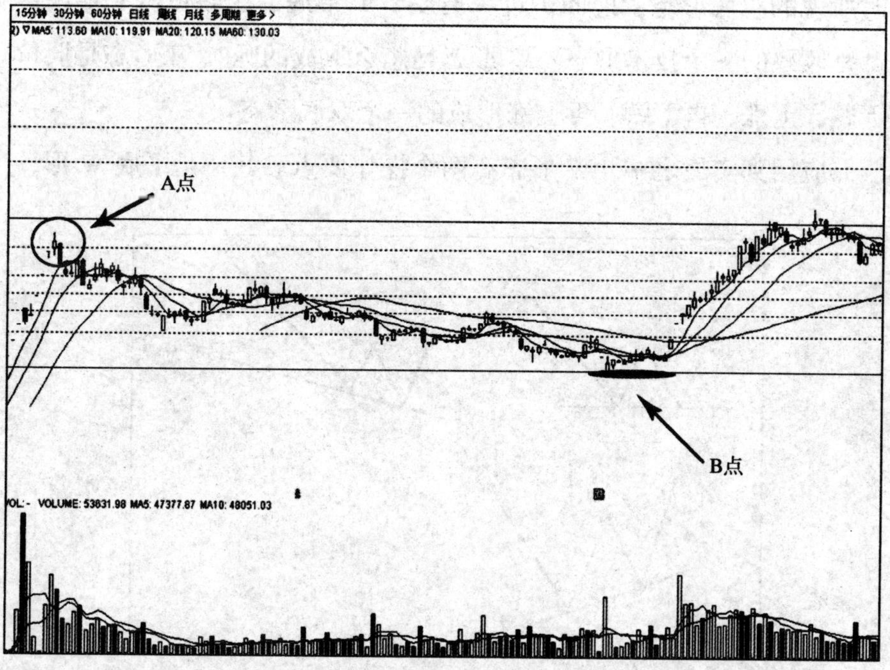

图 8-8　兆易创新（603986）

当看到股价涨上来之后，形成多头强势了，然后开始画黄金分割线，点击鼠标左键拖到高点松开即可。画好了黄金分割线之后，在这儿就买入吗？别着急，心急吃不了热豆腐。画好黄金分割线之后，还要耐心等待。具体什么时候买入，下面会一步一步地讲解。

任何一只个股的画线方法都是一样的。这里介绍的方法，不但具有可操作性，还有可复制性。现在工厂制造都是流水线作业，其最大的特点就是程序化、标准化，按照交易模型操作个股，同样也是一个程序化、标准化的操作流程。

以上讲解了黄金分割线的画法。本章主要讲解的是黄金 W 抓连板战法，“黄金”讲完了，下面讲“W”。

相信所有做股票的人，对 W 形态都很熟悉。W 形态是在黄金 W 抓连板操作中非常重要的一个技术要点。这个 W 形态就是大家平时所说的双底形态。前面讲过头肩底、W 形底、U 形底和 V 形底，都是股票的一个技术形态。W 形态是怎么形成的呢？ W 形态是股价下跌、上涨、再下跌、再上涨形成的一个双底形态。

应用到实战之中，W 形态有两个操作要点。其一是平底 W 形，

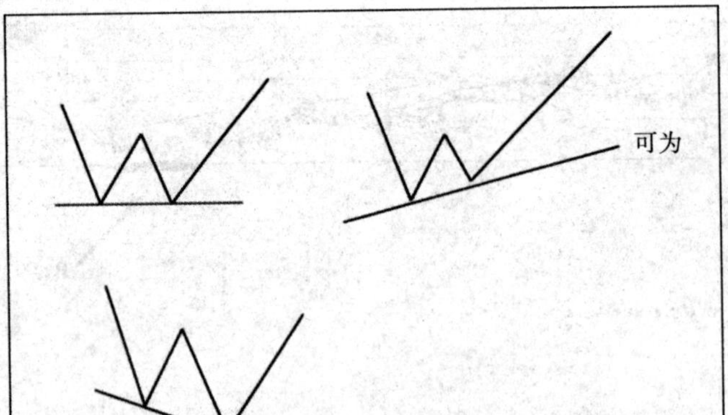

图 8-9　W 形态示意图

其二是强势的双底抬高的 W 形。对黄金 W 抓连板战法来说，这两种情况都可以参与，但有一种弱势的 W 形必须放弃。

弱势的 W 形态，从图形上看疑似 W 形态，但是它的第二个底是低于前一个底。这是一种失败的 W 形态，实战中不可以介入。但是这种形态的图形，后期价格会不会上涨呢？也有可能上涨，甚至还可能大涨，只不过大涨的概率较小而已。作为一个成功的交易模型，如果想把股票做好，就必须严格执行操作条件，这样才能把这种战法的作用发挥到极致。

图 8-10 是北京君正的 K 线走势图。图中已经标示出了很多大大小小的 W 形，从中可以看出，底部抬高的、走平的 W 形态代表可以操作，第二个底降低的 W 形代表不可操作。

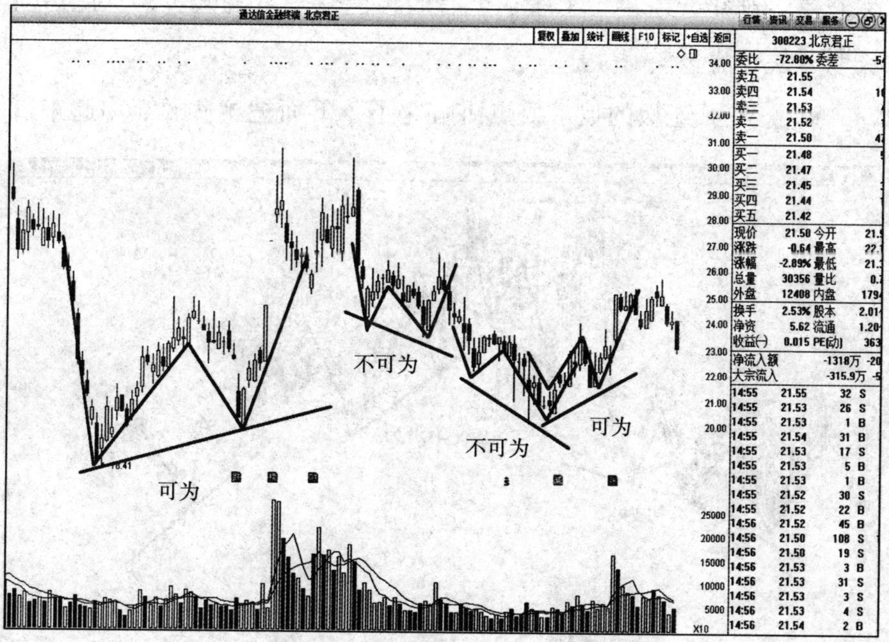

图 8-10　北京君正（300223）

可为与不可为，要看二底是否抬高或者是否打漏。当看到二底打漏了，就要有预见性，预见到股价未来下跌的概率很大，或者后期涨幅不会很大。当看到二底在抬高，就要预见到后面的涨幅会很大。这是一种做股票的直觉，就像在路上开车一样，能够对路况提前做出预判。

有的读者会问，有些个股底部抬高了，但后期股价并没有大涨啊。这里大家又犯错了，现在讲解的是 W 形，先要把这个问题搞明白。不管涨与不涨，寻找的都是这种可为的形态。

有些人在市场中爱抄底，爱买入一些打漏的 W 形态，后来股价也可能上涨了，但这只是小概率事件。本书讲解的战法，都是做的高胜率事件，因此忽略打漏的 W 形态。打漏的 W 形态，有时可能是假摔，过几天还会拉上去，但有时可能就是真的破位，从此启动长期下跌行情。

黄金 W 抓连板的技术要点讲解完了，下面把这些要点串起来讲

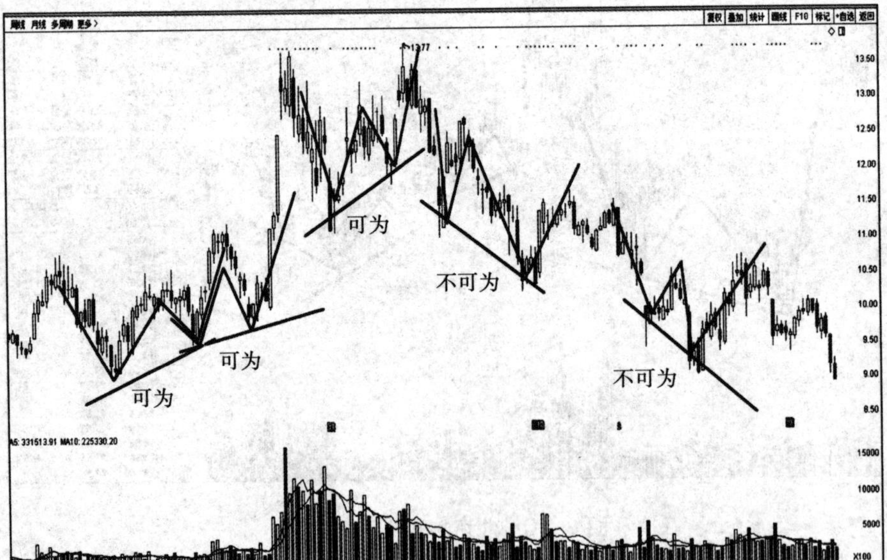

图 8-11　光线传媒（300251）

解一下。

先对几个技术要点作一个梳理。黄金 W 抓涨停要点如下。

（1）均线多头。

（2）股价强势。

（3）黄金分割线要点。

（4）W 形态（2 种可为，1 种不可为）。

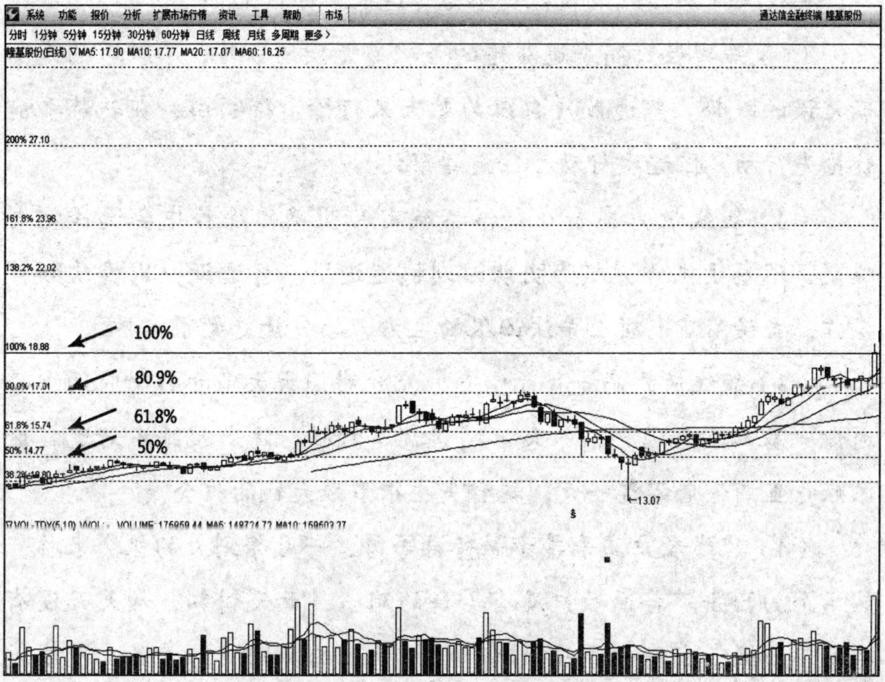

图 8-12　隆基股份（601012）

既然讲到黄金分割线，就会有黄金分割点。如果把两道线之间从低点到高点的涨幅看作是 100%，那么后市要么股价直接突破上涨，要么触顶回落。回落的点位有三档，最浅的回调到 80.9%，中间是 61.8%，最低要求是 50%，低于这个点，视为 W 形态构筑失败。

前面用大量篇幅来讲技术要点，那么买点就是一句话了：个股在均线多头、走势强势的前提下，在股价突破后买入或回落至黄金分割点受到支撑时，属于可为的W形态，此时买入即可。

做股票要想成功，执行力很重要。每一个模型都有一个止损的设置，操作失败了，要及时向市场认错，及时认赔出局。

【本篇小结】

实战操作中，短线散户高手与普通散户的区别如下。

（1）短线散户高手追涨追的是确定无疑的涨势，杀跌杀的是明确无误的跌势。普通散户自以为对未来行情看得明白，在转势之前就抢先行动，但这些行动往往是错误的。

（2）短线散户高手在行情不确定和明确的跌势中会选择空仓观望，不急于操作，趋势明朗时则快速进场。普通散户则喜欢频繁操作，失误不断。碰上手法凶狠的主力，损失就更大了。

（3）短线散户高手善于空仓，空仓时间大大多于持仓时间。普通散户基本天天满仓，一天不满仓就不舒服，晚上就睡不好觉，好像账户里的资金闲置一天，就会失去很多赚大钱的机会。

（4）短线散户高手善于等待再等待，一直等到大的机会来临，然后全力出击。普通散户没有等待的耐心，天天耕耘，却天天没有收获。一天不交易便手痒难耐，投机至上的原则深入骨髓，随波逐流成为交易习惯，一有风吹草动便不能自持。

（5）短线散户高手看盘水平要高于普通散户，出错的概率也比普通散户少，但修正错误的速度比普通散户快得多。短线散户高手不是绝对不出错，他们也可能出错，但错了会立即止损，从不为自己的错误找借口。

下篇

三三三精准开仓交易法

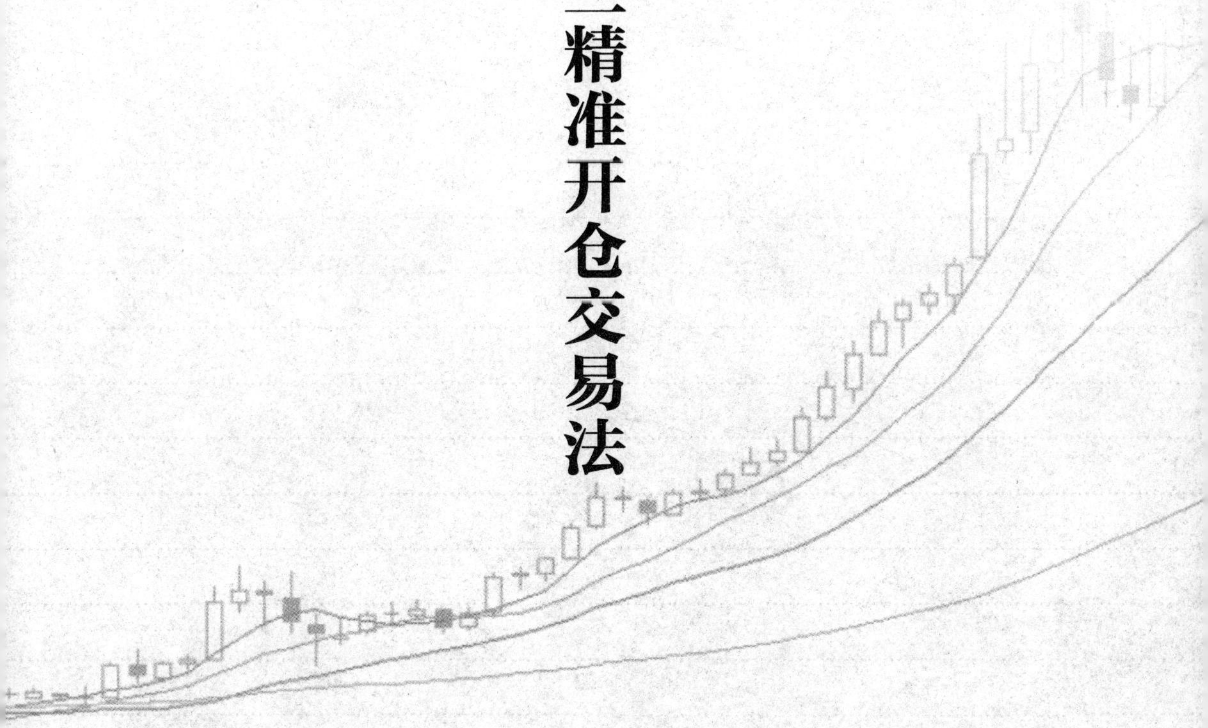

第九章　趋势的形成

说到趋势，大家都知道趋势分为下降趋势、上升趋势和横向整理趋势三种。趋势走出来之后，看起来很漂亮，买点在哪里，卖点在哪里，投资者一眼就能看出来。可是，在行情走出来之前，你不知道股价会在哪个位置进入下降趋势，同样也不知道在哪个节点步入上涨趋势。行情往左看明明白白，往右看谁也不知道第二天会发生什么。

如果有这么一个技法或者说是方法，能够提前预判股市将要进入下降趋势，或者将要进入上涨趋势，你就会在下降趋势启动之前及时抛售股票，或者在上涨趋势来临时买入股票并持股待涨。这样不但可以规避掉下跌风险，也能实现利润最大化。关键的问题是，这样的技法或方法在哪里。为了给大家讲解三三三交易法，这里首先给大家讲解一下趋势和趋势的形成。

趋势是怎么形成的呢？在趋势走出来以前，市场没有任何方向可言。当趋势走出来以后，大家才能看出趋势是上涨还是下跌。在趋势形成初期，会有一些特殊的信号帮助大家认清趋势方向。什么信号呢？就是一些点阵图。

在行情软件中，大家看到的最直观的走势图是 K 线图。把 K 线图中的诸多 K 线进行分解，可以发现走势还可以是由许多点组成的，这些点中有一些连续的高点或者一些低点。趋势的变化不是完全没有规律可寻，当你掌握了多个高点或者低点以后，就会形成一个趋势的初期走势。

趋势形成的初期是很混沌的，让人看不到未来发展的方向。可是随着行情的一步步演进，随着云雾逐渐飘散，趋势就会慢慢地表现出来。比如大家看到多个高点和多个低点以后，趋势就会在这种看似没有方向的情况之下显现出来。

如图 9–1 所示的上涨趋势，多个高点连续上升，一个高点接着一个高点，组成了一个整体的上涨态势。同样，由多个低点组成了一个渐次上升的态势，或者叫做势头。也就是说，低点也在逐级抬高。这样多个高点和多个低点相连接，就显现出了上涨趋势。表现在 K 线图中，就是 K 线价格的重心正在不断上移。

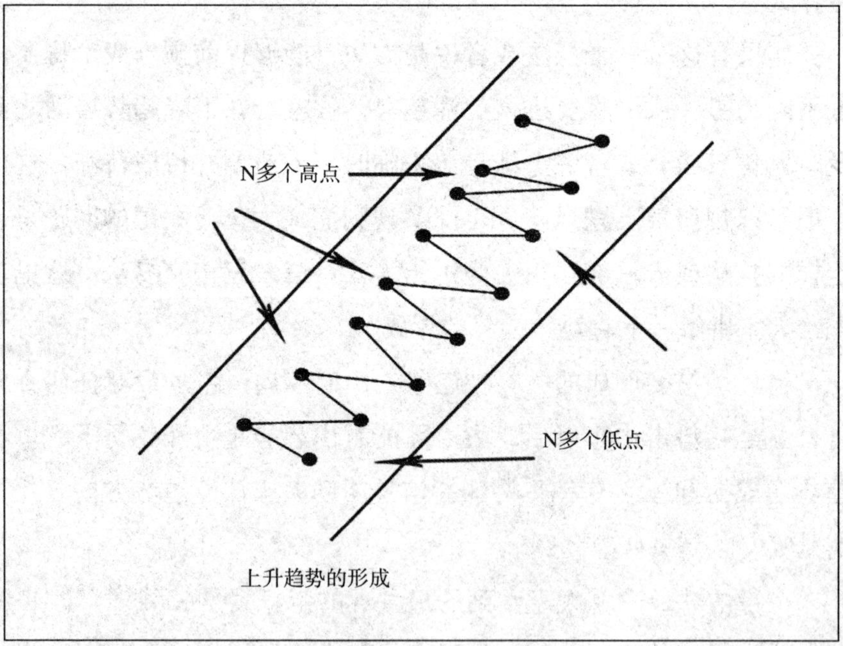

图 9–1　上升趋势点状图

不论上涨趋势还是下降趋势，都是由多个点组成的。在股价运行过程中，会产生很多高点和低点，如果把每一根 K 线都看做是一个点，K 线图也就成了点状图。点状图中高点比高点抬高，低点比低点降低，就显现出了上涨趋势和下降趋势。如图 9–2 所示。

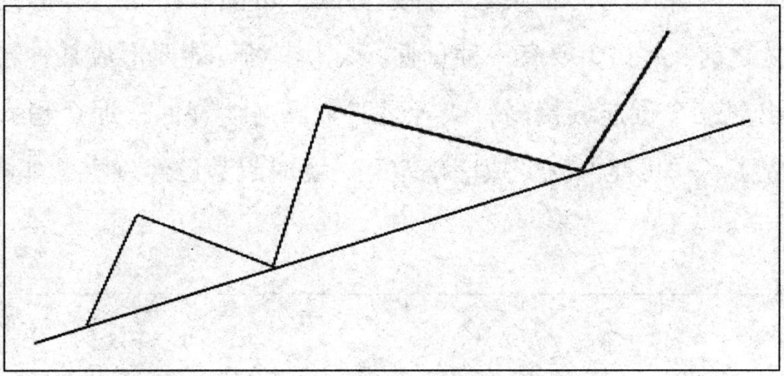

图 9–2 上涨趋势线

用点阵方式来诠释趋势，大家可能未曾听闻，平时只是注意到了上涨趋势线。很多技术分析图书讲解股票的上涨趋势，都会画出一条上涨趋势线，讲解的操盘方法大多都是在上涨趋势中做波段操作。实际上，趋势线是因为多个点显现出了一种趋势性变化。趋势性变化就表现在某些点逐渐抬高，或者某些点逐渐降低，于是显现股价走势具有某种趋势的雏形。

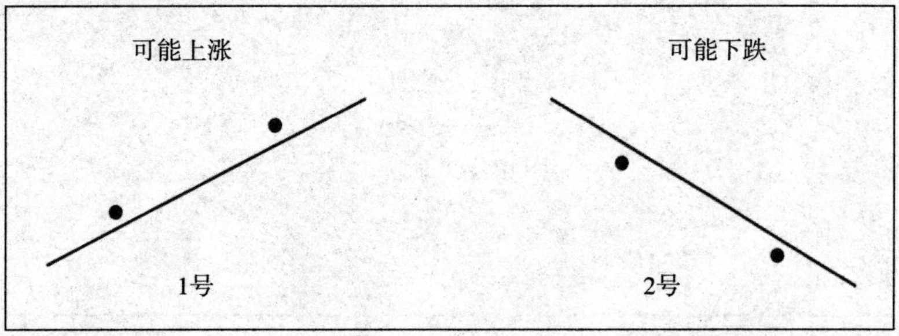

图 9–3 趋势雏形

价格运行到某个位置出现了两个点，如图 9–3 所示，当看到 1 号图中的两个点以后，应该有种感觉。什么感觉呢？就是低点在抬高，这就是上涨趋势形成的初期。再比如看到 2 号图中两个点在降低，就要有一种感觉，想到可能会形成下降趋势。

以上两种情况，还只是一种趋势的“可能”，在趋势得到进一步确认之前，大脑中要有一种直觉，认为市场可能要形成某种趋势。如果出现三个点连续抬高，或者是三个点连续降低，那么趋势就已经确立了，“可能”就变成“确定”，此时趋势已经确立。如图 9–4 所示。

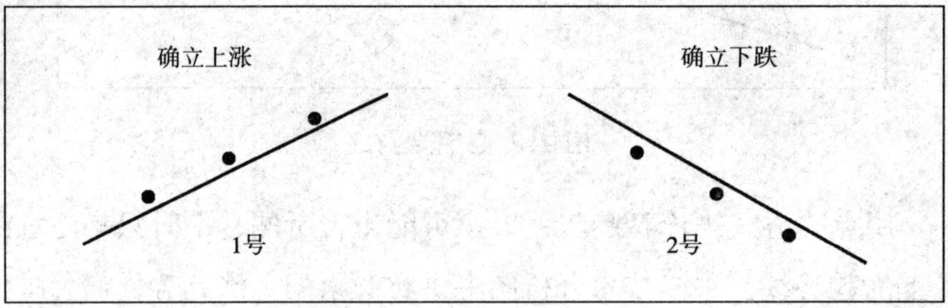

图 9–4

预判趋势只需要两个点，有三个点即可得到确认。如图 9–5 所示。

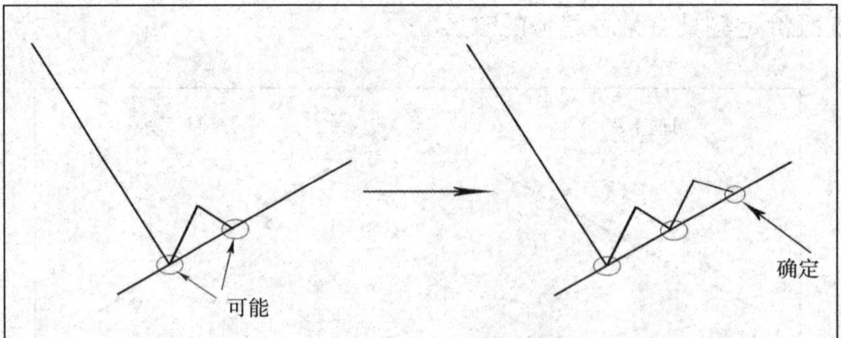

图 9–5　趋势生成与确认

比如，价格从高位跌下来，见第一个低点止跌企稳。随后股价反弹再回落，筑底后再上涨。虽说第二个底部形成了抬高的低点，但你能确定这就是底吗，你敢说这个位置已经形成上涨趋势了吗？肯定不行，只能说现在对趋势有了一个预判的可能。如果价格冲高回落再上涨，形成第三个抬高的底的时候，此时完全可以确认市场已经形成了上涨趋势。

在第一波见底反弹的高点画出一条水平线，再把三个底部相连画出一条上涨趋势线。三个底部价格逐渐抬高，足以说明形成了上涨趋势。趋势形成后，它的上涨概率是很大的，价格不会轻易跌破上涨趋势线。趋势具有延续性，后市价格还会继续上涨。如图 9–6 所示。

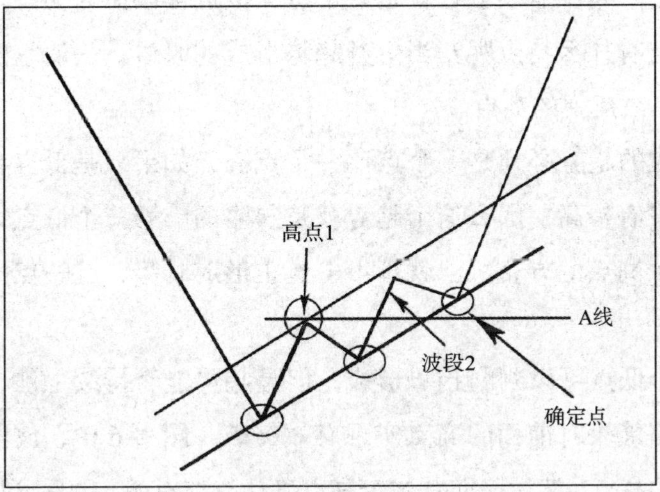

图 9–6

这里大家要对第三个底部有一个正确的认识，在第三个底部出现底分型时，要敢于介入。行情在绝望中产生，在犹豫中上涨。在很多人还处于怀疑的阶段时，股价已经涨得很高了。这期间很多散户都会发出疑问，这里是底吗？是不是已经形成上升趋势了呀？是不是反弹已经结束，行情还能上涨吗？在很多疑问中，价格已经涨得很高了。

很多股票都是在大家的怀疑声中涨上去的。很多人都没有把握住趋势形成初期市场带来的最佳买入机会，或者最佳进场点，或者称之为起爆位置，从而错过了获取大幅利润的机会。买股就像击鼓传花一样，当你错失这个机会之后，如果在高位接棒，就很有可能接了一个烫手山芋，最后不得不在高位站岗。

每次行情都是这样一个轮回，每个轮回都淘汰一大批人，同时造就一批神话。万事万物的发展都有一个轮回，任何人都在这些轮回中，谁也无法逃脱。

第三个底，缩小了看就是一个点，该点可以命名为确定点。这个确定点有什么特点呢？当上升趋势形成的时候，一般它的低点会高于第一波反弹的高点。

形成的趋势必须是一个点比一个点高，如果只是低点在抬高，高点却没有抬高，那么这个趋势就是狭隘的。第三个低点如果没有在前一个高点上方企稳，就算不上真正形成趋势，这一点大家一定要谨记。

三个低点可以判断趋势形成，但是趋势能否持续上涨，还要看后面价格能否对前面的高点实现有效突破。图 9–6 中，波段 2 突破了前面的高点，然后又回踩这个高点确认支撑有效，随后开始上涨，这就叫突破后的回踩确认再上涨。

上涨确实比下跌复杂得多，下跌不需要这么多确认条件，只需要出现 M 顶，且第二个顶部没有超过第一个顶部的高点，价格就会开始大跌。如图 9–7 所示。

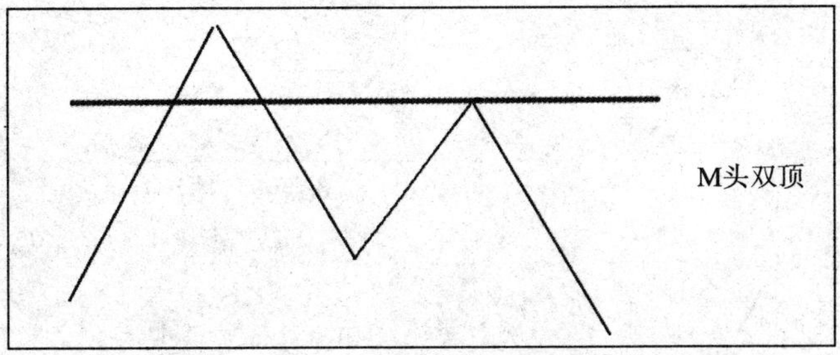

图 9–7

下跌趋势的形成过程很简单，但上涨趋势的形成过程很复杂。在上涨趋势确立之前，有可能出现长时间的震荡走势。不管震荡持续多长时间，都应看作是震荡趋势。当有朝一日蛟龙出海，股价突破箱体开始爬升，之后出现的第三个低点超过了第一个高点，就可以宣告上涨趋势确立，如图 9–8 所示。明白这一点，趋势问题就会迎刃而解。

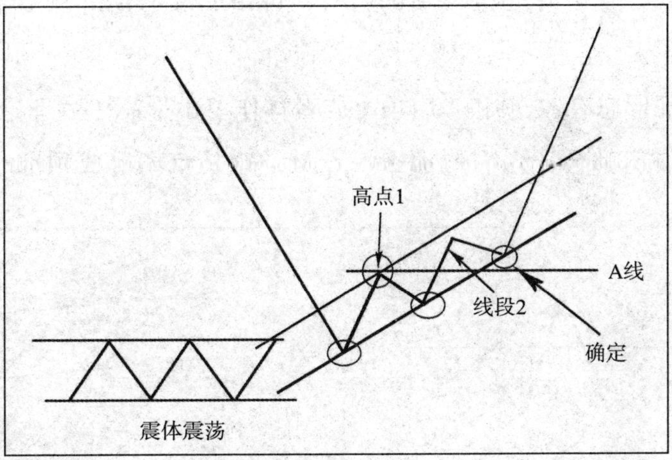

图 9–8

如图 9–9 所示，左侧图形中出现了三个依次降低的点，由这三点是不是就确认下降趋势了呢？按照前面的讲解，三个点依次降低，

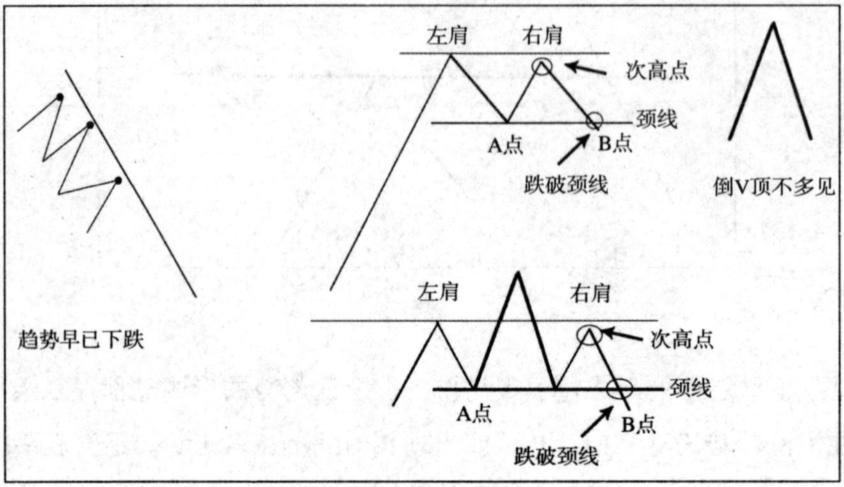

图 9-9　顶部形态分析

就证明下降趋势已经形成了。实际上，当大家看到这三个点确认下降趋势的时候，已经很滞后了，或者说这时行情已经跌了很多了。一般来说，当下降趋势得到确认时，价格已经从顶部跌下来百分之二三十了。

顶部形态有 M 顶和头肩顶（或者称作三山形态）。理论上来说，顶部的右肩都会比左肩低那么一点点，这是市场形成顶部时的最基

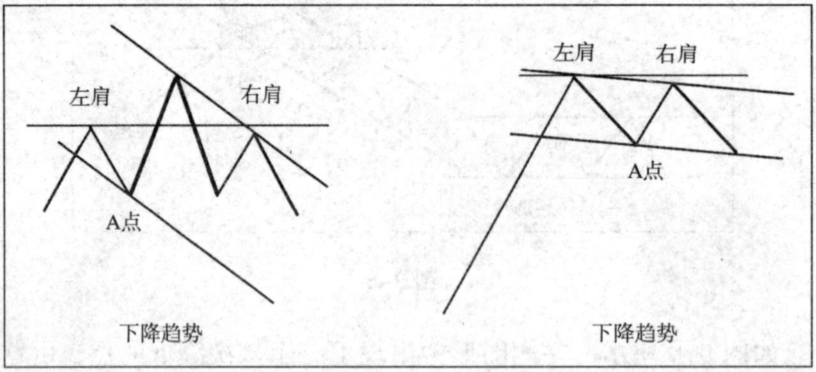

图 9-10

本规律。但也有可能形成倒 V 形顶，只不过这种单顶很少见。形成顶部只需要价格跌破形态颈线，所以顶部的确认只需要两个点，这两个点就是图 9-9 中 B 点对 A 点的跌破。

连接最高点和反弹次高点画一条下降趋势线，在其间的回调低点即 A 点画一条平行通道线，只要后市价格跌破了过 A 点的平行通道线，就证明价格已经形成了下降趋势。A 点主要用于标示颈线位，没有其他技术意义。

上涨趋势需要三个点来确认，下降趋势只需要两个点，所以下跌要比上涨容易得多。

示意图看起来很方便，但在实盘分析研判中，K 线走势很复杂，能不能及早辨别出趋势，这就要考验交易者的分析预判能力了。

图 9-11 是恒邦股份的 K 线走势图，图中最高点是 A 点，次高点是 B 点，从这两个点的位置关系就能看出市场已经走入了下降趋势。通过这两个点连接一条直线，以这条直线为基线，通过股价

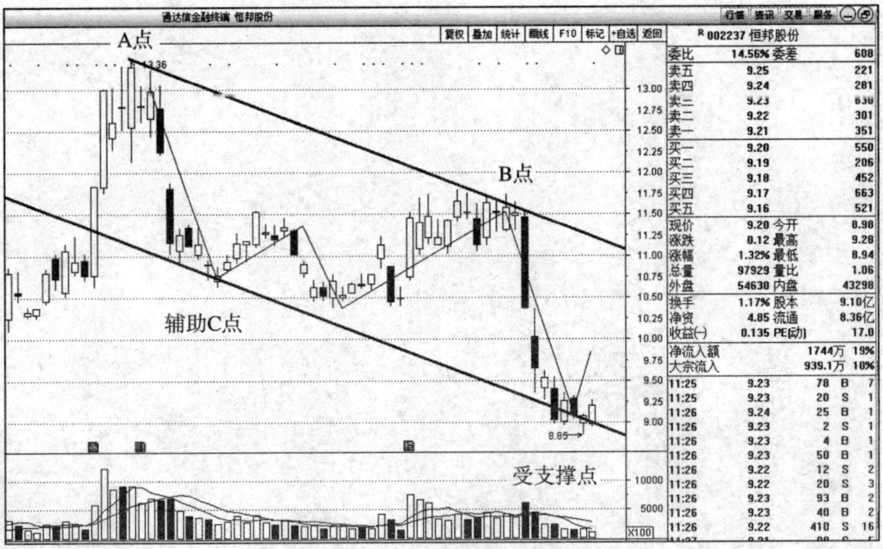

图 9-11　恒邦股份（002237）

第一次回落的低点也就是 C 点画一条平行线，就能看出两条平行线形成了一个下降通道。

画出通道线之后，通道的下轨线就成了价格的支撑位。通道线用于预测未来价格回落的点位在哪里，反弹的空间有多大，所以通道线具有预测点位空间的作用。

第十章　趋势方向

做股票必须要看清趋势方向，或者叫做上涨或下跌的方向。

趋势无外乎上涨、下跌或震荡整理这三种基本趋势，如图 10-1 所示。

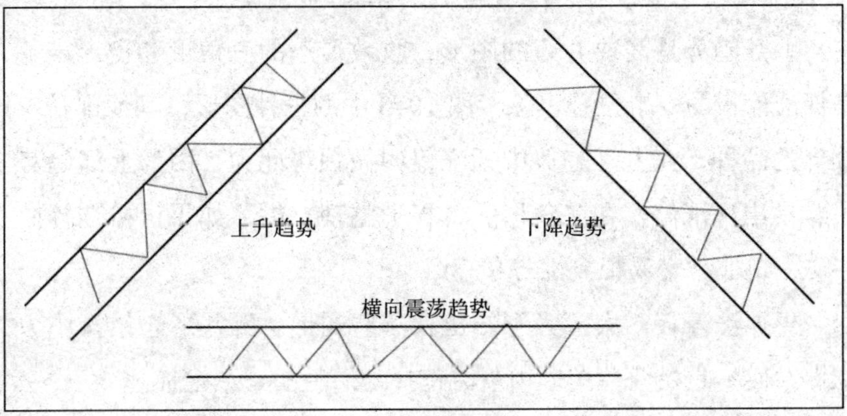

图 10-1　三种基本趋势

除了以上三种基本趋势外，还有三角形整理和楔形整理两种形态。楔形是三角形的一个演化变形，只是没有收官。这两种整理形态又可以细分为收敛形和开放形，每种图形各有两种分化。

本书主要讲解的是如何抓涨停，所以对形态的讲解有所取舍。如果大家对于形态知识有更多的需求，可以参阅相关书籍。

三种趋势加上四种整理形态，总共是七种图形。在这七种基本图形中，要剔除一些图形，大浪淘沙，剩下的才是我们需要的图形。

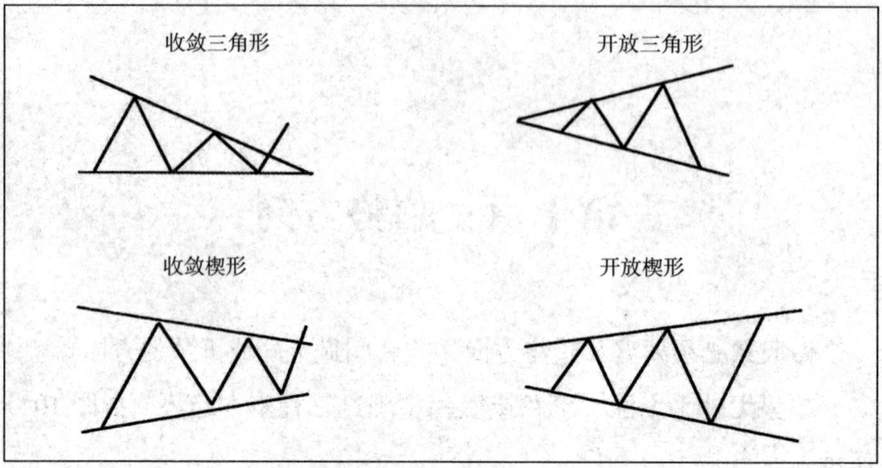

图 10-2　两种整理形态

上升趋势是需要介入的图形，收敛形态的三角形和楔形末端，是抓涨停板的一个位置。除了图 10-3 中的三种图形，其他都是应该放弃的品种。在上涨趋势中抓涨停叫做顺势而为，因为上涨趋势中很容易出现涨停。在三角形或者楔形整理末端，如果价格选择向上突破，也非常容易抓到涨停板。

想抓涨停板，大家必须知道在哪些图形、哪些形态结构中去抓涨停，而不是在任何图形中毫无选择地眉毛胡子一把抓。

在震荡整理的箱体中能不能抓涨停呢？震荡箱体不排除有涨停的可能，但是不适合抓涨停，即便出现了涨停，也没有很大的上涨空间。下降趋势根本不适合操作，即便在下降趋势中出现了涨停，也极有可能是主力诱多，追高介入之后，很有可能面临股价大跌和被套的局面。

在下降趋势买股操作无异于与虎谋皮，很多血淋淋的例子已经说明了这一点。包括开口的三角形和楔形，都不适合去抓涨停板。

对于趋势的方向和走势形态，大家一定要看准。如果看不准就去抓涨停，只会损兵折将。买股要做到有的放矢，不能无计划地操作。

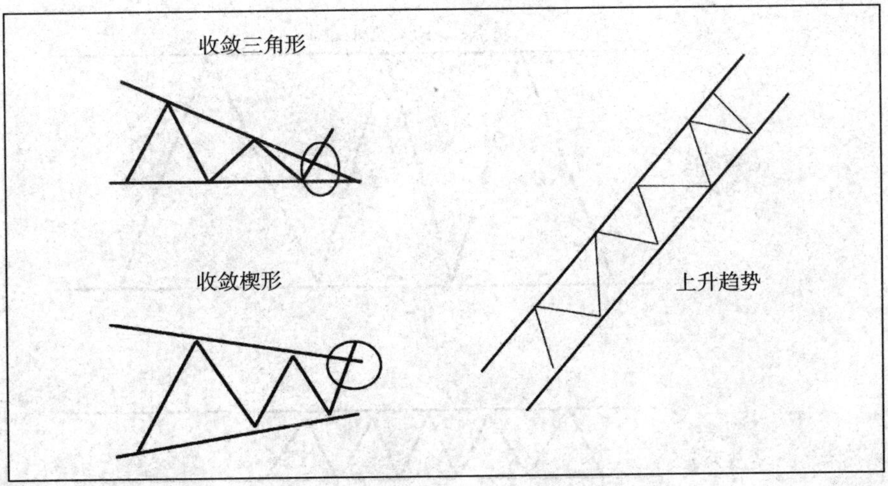

图 10–3

做股票讲究顺势而为，买入下降趋势的股票就是与趋势作对。横向箱体整理趋势有必要排除在操作之外吗？并非如此，实战中要看箱体的震荡空间有多大。震荡空间指的是支撑位和压力位之间的差值。如果想在箱体中做涨停板，要求这个震荡空间必须足够大。

如图 10–4 所示，下部窄幅震荡的箱体走势中，股价最大振幅也就那么大，或许上下只有 10% 的波动空间，怎么去抓涨停板呢？总不可能每次都买在最低点、卖在最高点吧。在窄幅的箱体震荡中，当股价启动上涨的时候，稍微往上一涨，余下的空间就只有三五个点了，还怎么涨停呢？

对于箱体震荡，上下波动空间起码要有二三十个百分点，这样才能做箱体空间的涨停。也就是说，箱体必须要有不小于 30% 的空间震幅，才能作为标的个股去跟踪观察。由以上分析可以看出，箱体震荡走势并非完全不可为，而是要经过筛选。

为什么说三角形是抓涨停的一个基本图形呢？因为三角形这种图形有一个变盘的节点。股价运行越是接近三角形整理的末端，越

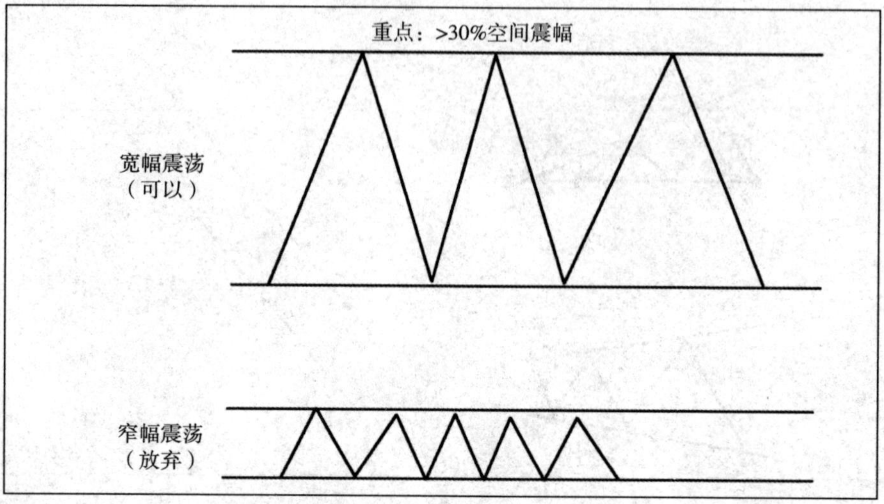

图 10-4

容易出现变盘。这个变盘会带来方向的改变，也叫做趋势的改变。如果三角形向上突破，很容易出现涨停走势，因此三角形可以作为抓涨停起爆的一个重要图形。如图 10-5 所示。

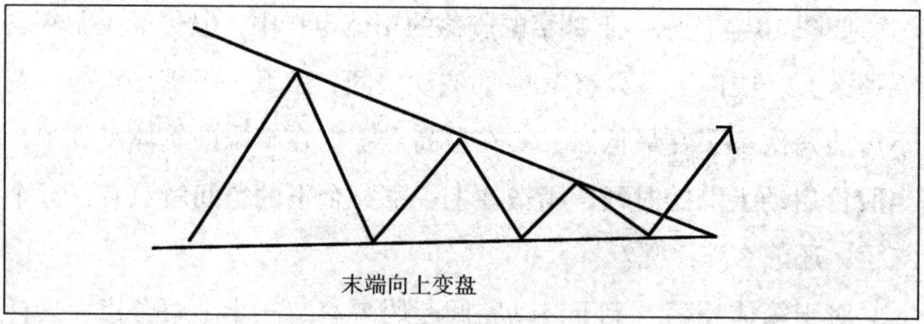

图 10-5

三角形向上变盘是一种趋势改变，在变盘的位置不但可以抓到涨停板，还可以做大波段。

抓涨停板必须顺应趋势，趋势方向决定了行情是否具有涨停的潜质。在收敛三角形整理末端，股价选择向上突破，是抓涨停板的绝佳机会。形态突破后，价格上涨过程中，前边三角形形态内的反弹高点，对后市股价上涨具有一定的压力，但实战中不必考虑这些因素，因为在上涨趋势中，所有的压力都是用来突破的。在这些压力位，股价有可能会停顿一下，但最终还是会选择向上突破。如图 10–6 所示。

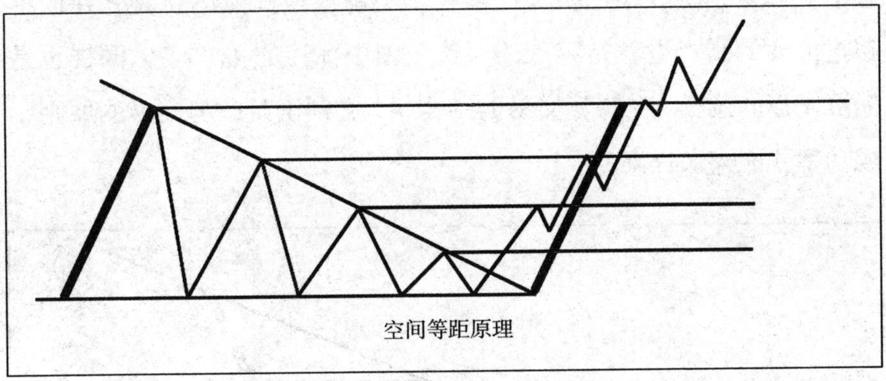

图 10–6

三角形突破后有一个涨幅原理，就是突破后上涨的空间是由最初上涨的那一个波段涨幅决定的。如图 10–6 所示，左边加粗部分的空间涨幅有多大，右边突破后的上涨空间大体也会有这么大。

三角形突破后，不要再看什么压力，压力都是后市用来突破的，直到真正的强阻力出现，股价才会结束上涨，这就是三角形的空间等距原理。记住这个原理，就能预知这只股票未来的上涨目标大致在哪里，中间怎样才能拿住股票，应在哪个点位止盈。

本书讲解的这一套操盘方法，既知道买点在哪里，又知道未来大致的卖点在哪里，获利空间大体有多少，是一种基于理论的量化分析。明白这些以后，做股票就简单多了。这个原理同样适用于楔形突破。

讲完三角形的交易模式，下面讲解顺势交易。炒股要遵守一条原则，就是在上涨趋势中只做上涨中的上涨。

在图 10-7 中，判断当前趋势是上涨趋势。明确了趋势方向，是不是在转折点 1、2、3 的位置就一定会出现涨停呢？也不一定。虽说这些位置不一定出现涨停，但介入的点位却一定要在这个位置上。另外，实战中还要关注前一个上涨波段高点的位置，在股价超过前面的高点也就是突破的点位（图中标注的 4、5），同样也是抓涨停板的位置。在顺势交易的结构中，必须满足顺势交易的原则，成功率才能大大提高。

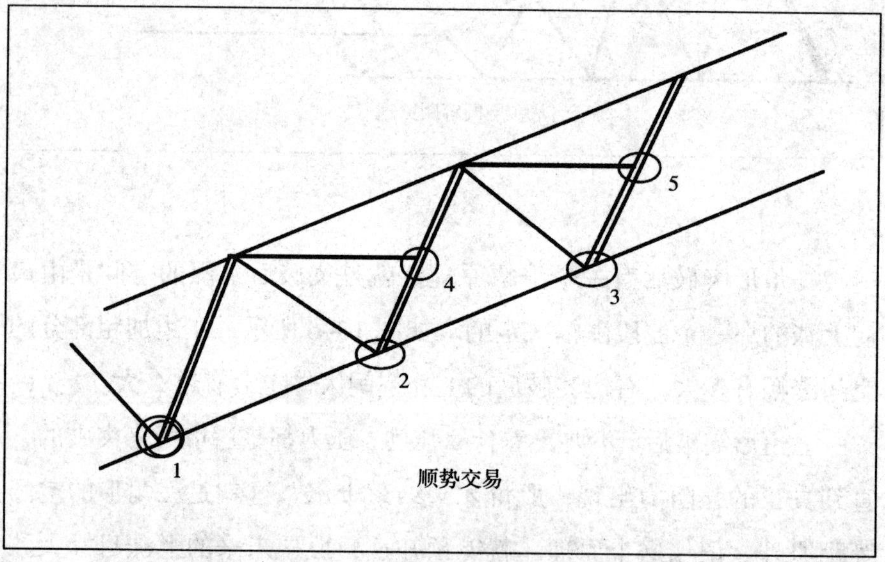

图 10-7 顺势交易

在横盘整理趋势中，大家总不会在个股回落时买股吧，那不成了接盘侠，伸手去接高空掉落的飞刀了吗？箱体盘整抓涨停是在股价跌到支撑位以后，在箱底下沿的强支撑点去买股或者抓涨停板，并且要求横盘整理的波动空间足够大。如图 10-8 所示。

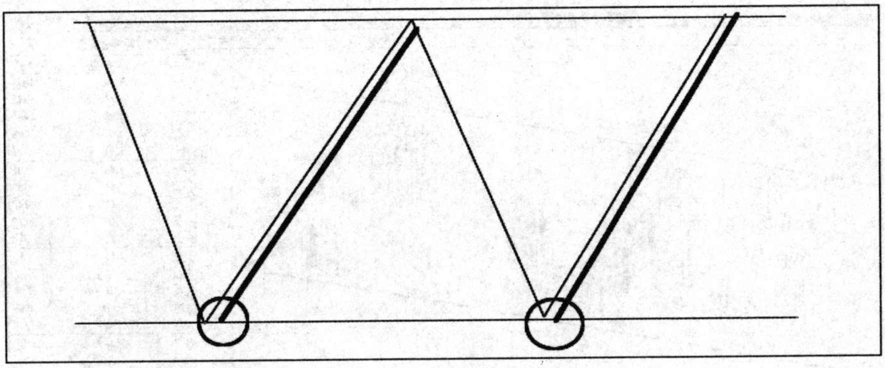

图 10-8 箱体买点

买股首先要看清趋势方向，当价格在重要的节点得到有效的支撑，出现有效的买点再去介入。具体怎么介入，后面会有详细的讲解。

用示意图的方式讲解了以上这些知识后，下面举几个实战图例作为学习参考。

图 10-9 双成药业（002693）

图 10-10 泰合健康（000790）

图 10-11 道森股份（603800）

【股神讲述】明白了趋势方向，看懂了这三种买股的基本图形，就掌握了本章讲解的重点。买股首先要看大的图形结构与格局，然后再看股价运行到了哪个位置。

图形分析要有先有后。规划一个新城区，首先要有区块划分，确定几条纵横的主干道路，然后才有具体规划，哪里是绿地，哪里是建筑，最后才讲基础建设。

战略第一，战术第二，这是其一。第二步就是观察平行通道线，然后做空间预测。

第十一章　画线的方法

在股票交易中，首先要明白趋势，一切交易都是建立在顺势的条件下的，原则上不做逆势交易。

本章主要讲解趋势量化交易的“三条线”“两个点”。三条线分别是趋势线、拐点线和拐点 A 线，两个点分别是拐点 A 和拐点 B。另外讲解一下画线时应注意的一些问题。

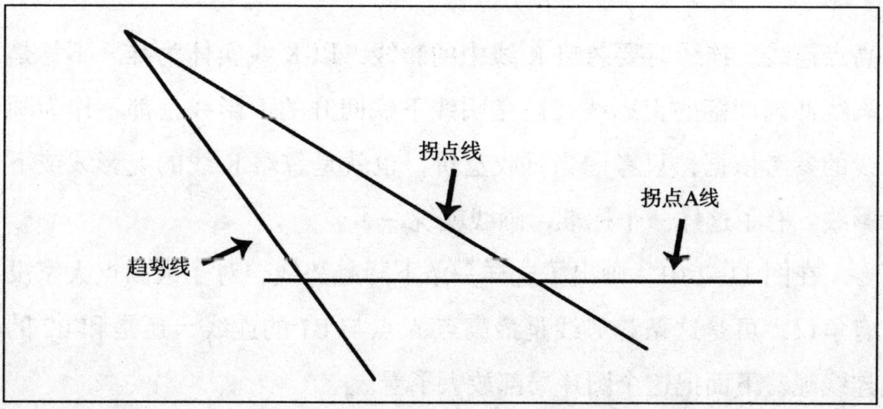

图 11-1

拐点 A 线是比较容易确认的，但是在实盘操作中，对于趋势线和拐点线，大家就会遇到这样或那样的问题。对于这些问题，本章会有针对性的讲解。

以双塔食品为例，如图 11-2 所示。画趋势线要找到最近这一波行情的高点，该高点并非历史上的最高点。确定高点后，再找到次

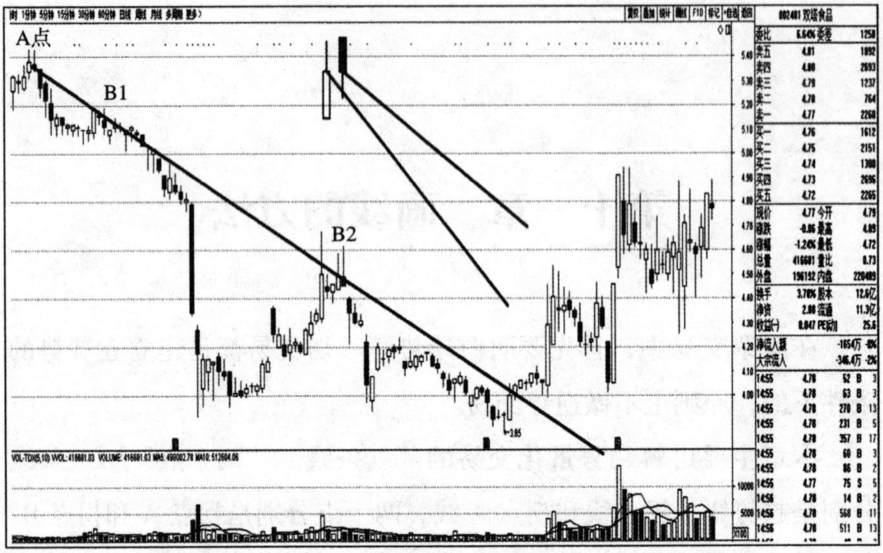

图 11-2　双塔食品（002481）

高点连线。连线时要忽略 K 线中的影线，以 K 线实体为准。不管是阳线冲高回落的上影线，还是阴线下跌回升的下影线，都不作为画线的参考依据，只考虑当日收盘价，也就是忽略 K 线的上影线或下影线。有了这样一个标准，画线就统一了。

在图 11-2 中，画出了这样一条下降趋势线，对于最高点大家没有争议，可是这条趋势线是最高点 A 点与 B1 的连线，还是和 B2 的连线呢？下面把这个图片局部放大了看。

如图 11-3 所示，K 线图放大后可以看出，价格是从最高点开始下跌，小幅反弹到 B1 位置，然后再深幅下跌，又反抽到了 B2 的位置。趋势线是由两个高点相连，即最高点和次高点之间的连线，所以这个次高点是 B1 而不是 B2。

趋势线不是随便两个高点之间的连线，不能依形度势，这两个点一定是最高点和次高点，这是画趋势线的要点之一。

图 11-3　双塔食品（002481）

在画趋势线的时候，还要注意一个问题，那就是要尽可能符合个股自身运行的规律，也就是要适当考虑到一些历史因素，这样画出的趋势线才更加完美。

如果只注重价格因素，画出的趋势线就会与实际趋势出现偏差。如图 11-4 所示，A 线画出来后，后市下跌时反弹高点出现了悬空。用 B 线稍微修正之后，画出来的趋势线更加精准。另外，最高点与次高点不能相差太多，否则会过度偏离，准确率就会大大降低。

画完趋势线之后，接着再画拐点线。如图 11-5 所示，从 A 点连接反弹高点 C1、C2、C3，画出了 A、B、C 三条线，那么 A、B、C 这三条线哪一条是拐点线呢？画拐点线要找到连绵起伏的最后一个高点，所以 A 线首先排除了。那么 B 线对不对呢？也不对。虽说它是连绵起伏，但没有一个像样的向上突破。

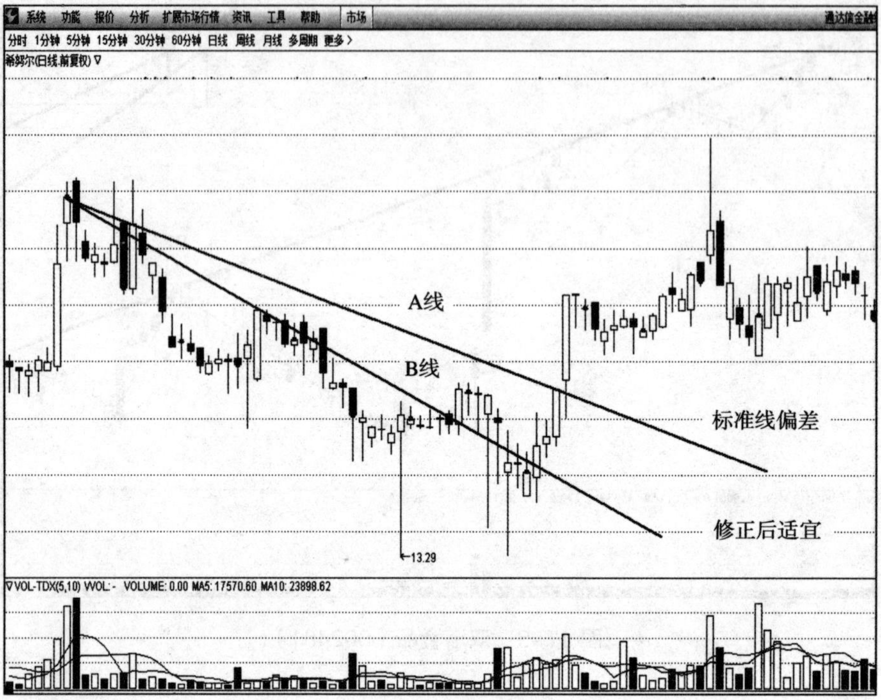

图 11-4　希努尔（002485）

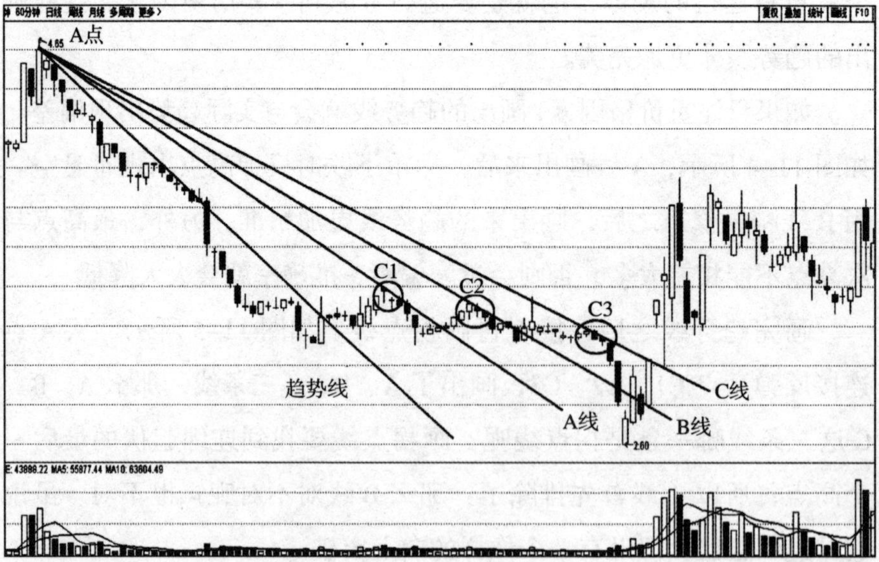

图 11-5　农发种业（600313）

这里就涉及了画线的第二个要点：拐点线突破之后不能再创新低，否则拐点线不成立。

画完趋势线之后，价格完全可以出现新低，因为不管股价怎么跌，都可以看作是下降趋势的一部分，趋势线下方也不是买股的可操作区间。

但画出拐点线之后，拐点线右侧，也就是后市的回踩不能再出现新低，否则拐点线失效。如果再出现新低点，就要重新画拐点线。如图 11–6 所示。

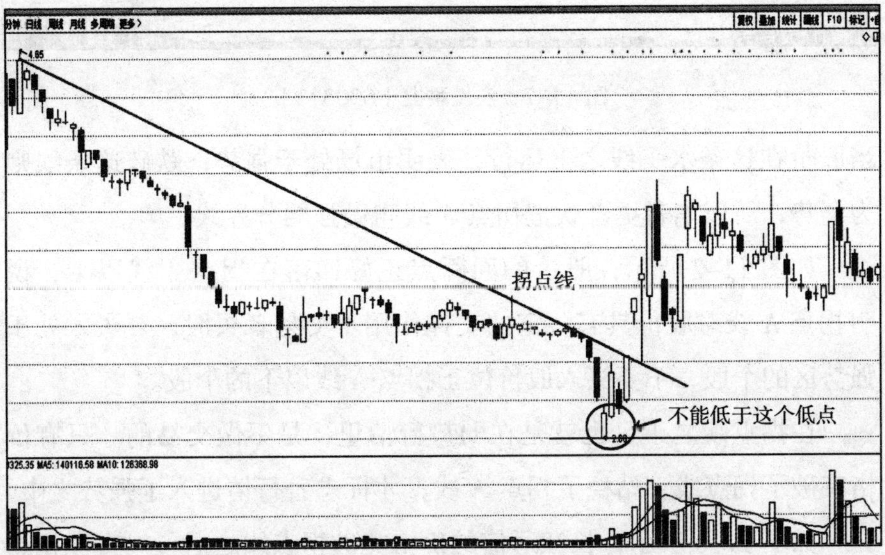

图 11–6　农发种业（600313）

如图 11–7 所示，突破趋势线的位置称为拐点 A，然后出现一个像样的上涨，冲高遇阻回落的位置叫做拐点 B，拐点 B 是突破趋势线后的一个高点。拐点 A 和拐点 B 之间的走势是介于趋势线与拐点线之间的一段交易行情。

通过拐点 A 画出一条水平线，就是拐点 A 线，这条线一定要水平。

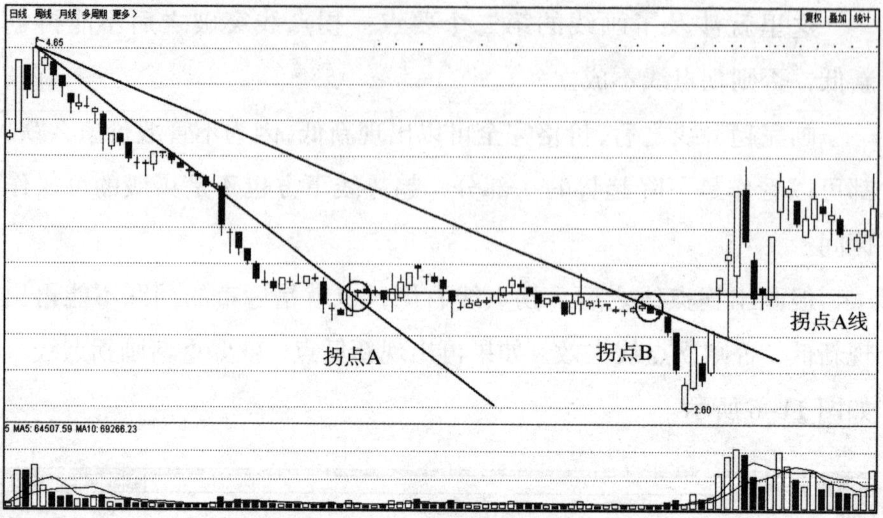

图 11-7 农发种业（600313）

当股价在这条水平线之上运行，表明市场处于强势，跌破这条线则为弱势，所以笔者更喜欢把拐点 A 线叫做强弱分界线。

如图 11-7 所示，股价的回踩点正好回落在拐点 A 线以上，说明拐点 A 线对股价具有一定的支撑作用。交易者买股，要买入处于强势区的个股，不要买入股价位于拐点 A 线以下的个股。

在拐点线之下，也就是在弱势行情里，是不做交易的。只有价格突破了拐点线，站稳了拐点 A 线，才标志着行情进入了强势之中。

如图 11-8 所示，长江通信的价格突破拐点线之后，一直在拐点 A 线之上运行。后期股价回落调整，回探的点位不多不少，刚刚打到了拐点 A 线的位置。

图 11-9 是国金证券的 K 线走势图。图中这种走势的股票就属于弱势股，理由如下。

第一，股价突破拐点线之后，价格创出了新低。另外，股价突破之后，也没有出现一个像样的上涨，突破后股价一直处于回落的态势。

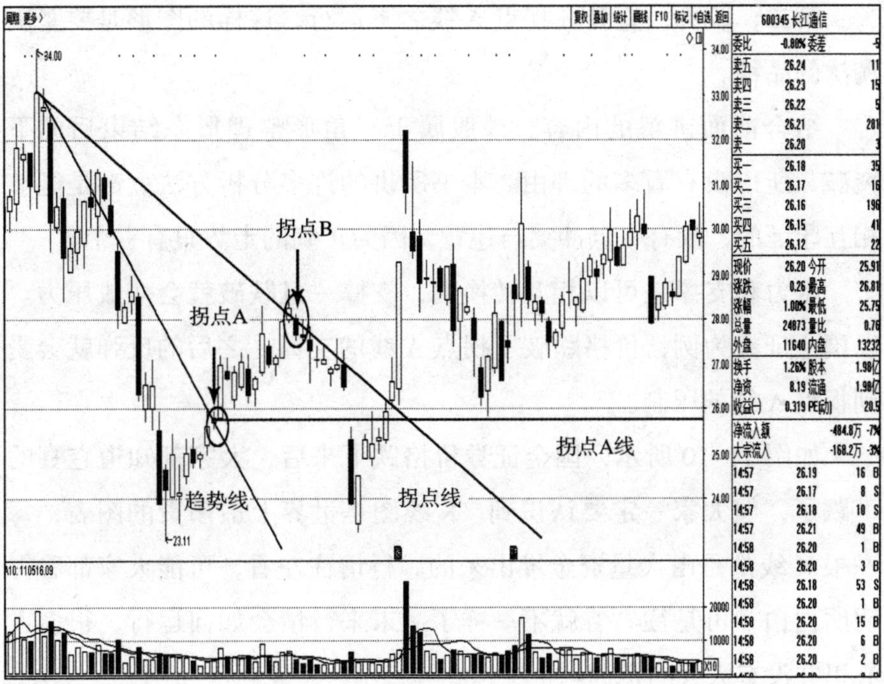

图 11-8　长江通信（600345）

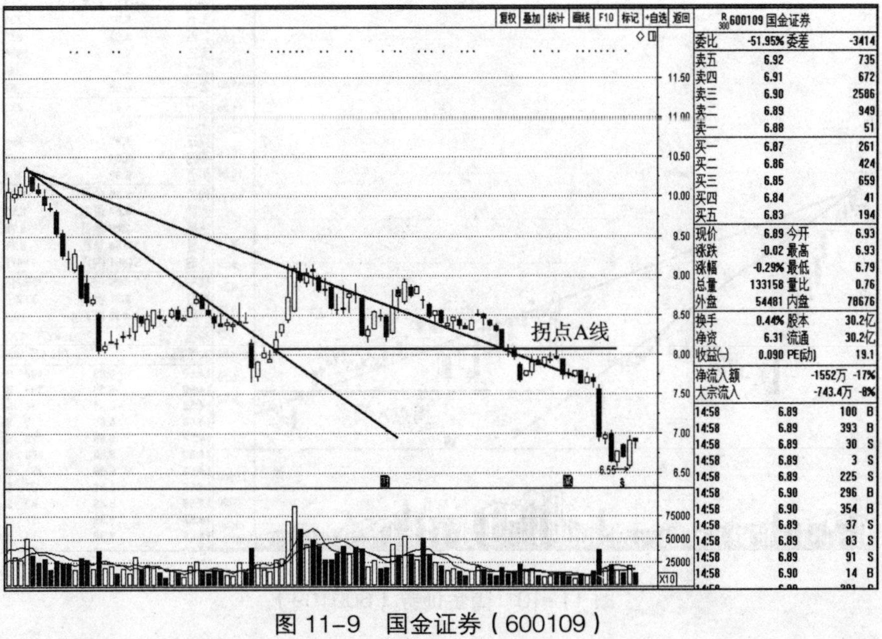

图 11-9　国金证券（600109）

第二，股价一直处在拐点 A 线之下运行，这样的图形是要坚决淘汰的品种。

结合前面讲解的内容，该股属于三角形整理形态结束后向下突破，所以没有看多的理由。本书所讲的许多分析方法，都是能够相互印证的，没有一点冲突与违背，因为正确的走势只有一个。

压力和支撑是可以相互转换的，支撑一旦跌破就会变成压力。以国金证券为例，价格跌破了拐点 A 线的支撑，之后的反弹就会受到拐点 A 线的压制。

如图 11–10 所示，国金证券价格跌下来后，大家都知道它真的下跌了，但大家一定要认识到，K 线图是世界上最昂贵的图表，每一根 K 线都是由大量资金堆出来的。行情往左看，可能大家都看得明明白白，可是往右看就不一样了，未来行情会如何运行，很多人心里并没有太大的把握。

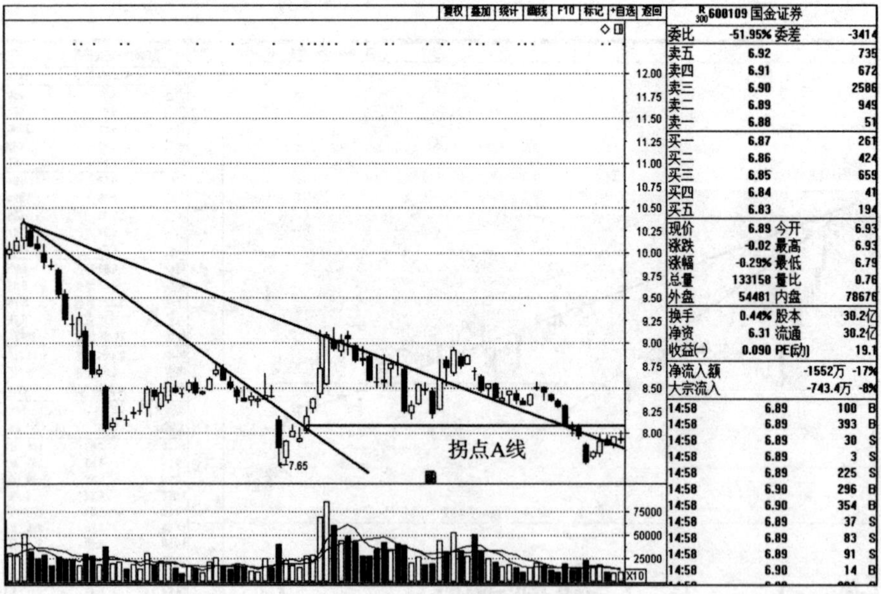

图 11–10　国金证券（600109）

如果时光能够倒流，按下倒退键，把行情往左推移，在行情刚刚跌破拐点A线时，很多对技术分析一知半解的人，会误认为此时的股价是地量见地价。由于此时股价已经到了前期低点的位置，很多人就会幻想会不会形成双底形态。产生这个想法之后，就会选择在这个位置埋单潜伏，潜伏的结果大家已经知道了

前面讲解技术，从来没有讲过潜伏，要么讲下降趋势中，所有支撑都是要被打破的，要不就是讲解大阳线之后上涨行情确立。如果大家能够完全按照技术要点操作，相信后面的下跌就完全能够避开了。

股市有句谚语：有三不做一，有高不做低。在拐点A线以下的个股坚决不要操作，否则后市下跌会带来极大的损失。做股票肯定有输赢，没有做好是自己的责任，不要埋怨任何人、任何机构和任何庄家，把破位下跌的风险想得凶险一点，你的亏损就会少一点。

如图11-11所示，股价首次突破趋势线的拐点A，可以称作假突破。为什么称作假突破？因为这一波上涨行情是不能进场操作的，用个“假”字可以强化它的不可为。这波行情涨上去还要再跌回来，带有很大的诱多性质，所以称它为假突破。

如果理解成一个有效突破，或者想象成一个上涨波段，看见股价上涨，大家可能会有买入的冲动。这里在这个突破的前面冠一个“假”字，你还会介入吗？可能很多人就会有顾虑，不会轻易买进了。事实也充分证明，在拐点A的这一波突破，上涨行情也是走不远的。

只有当股价运行到拐点A线以上的区域，打板的成功率才会提高。本书所讲的技术都是关于打板、精准买点或是精准介入的，因此一定要把正面和负面的东西分析清楚，剥离了负面的东西以后，正面的东西就多起来了。

实战中，大家一定要考虑拐点A线的重要性。注意了这些因素，

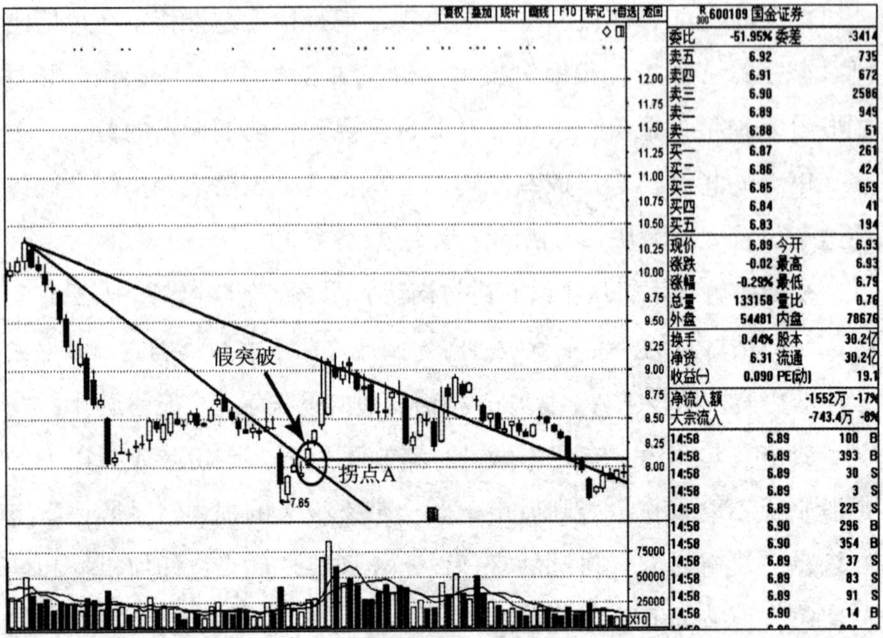

图 11–11 国金证券（600109）

实战中就会少犯一些低级错误。赢家考虑最多的不是赢多少，而是能否有效控制风险。输家的目标一定都很大，只关注预期的回报率有多高，却不在乎风险有多大。

如何把风险降到最低呢？操盘高手看好哪只股票，首先做的就是对这个标的挑毛病，挑得自己觉得没有毛病了，才毫不犹豫地下手买入。

如图 11–12 所示，当股价有效突破了拐点线，并且站上了拐点 A 线，这时经过突破的这根 K 线画出一道垂直线，这条垂直线就叫做多空分界线。此时市场性质已经发生了根本性的变化，该线对于股价走势具有里程碑的意义，它的出现标志着行情的春天真正来临了。此时行情真正进入上涨趋势，此后的所有操作，都是所谓的右侧交易。

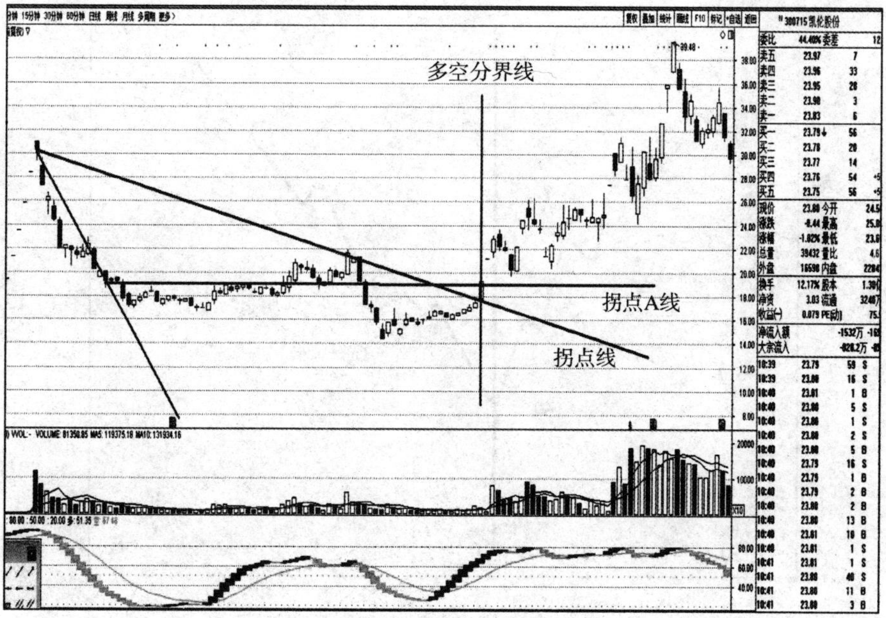

图 11-12　凯伦股份（300715）

不论是新闻媒体还是财经频道，很多专家都会谈及左侧交易和右侧交易这个话题，但是大多都没有对右侧交易有一个准确的定义。多数是像图 11-13 一样，很多人看见一个上涨行情，都是从中间低点画一道竖线，将行情走势一分为二，如图 11-13 所示，竖线左边买入是左侧交易，右边买入是右侧交易。

这种说法非常片面，不够准确。学习了趋势量化交易系统之后，大家就会有一个准确的认识。什么是右侧交易，就是多空分界线右侧的交易行为，这是以量化的方式为右侧交易做了一个定义。

如图 11-12 所示，凯伦股份的股价走势突破了拐点线，站稳了拐点 A 线，是不是就进入右侧交易了呢？既然行情已经进入上涨趋势，那么剩下的就是寻找买点了，确认买点是交易的最后一关。

反过来说，确认买点之前，要对所有技术分析和准备工作做一个全面的检查，比如价格是不是突破了拐点线，是不是站上了强弱

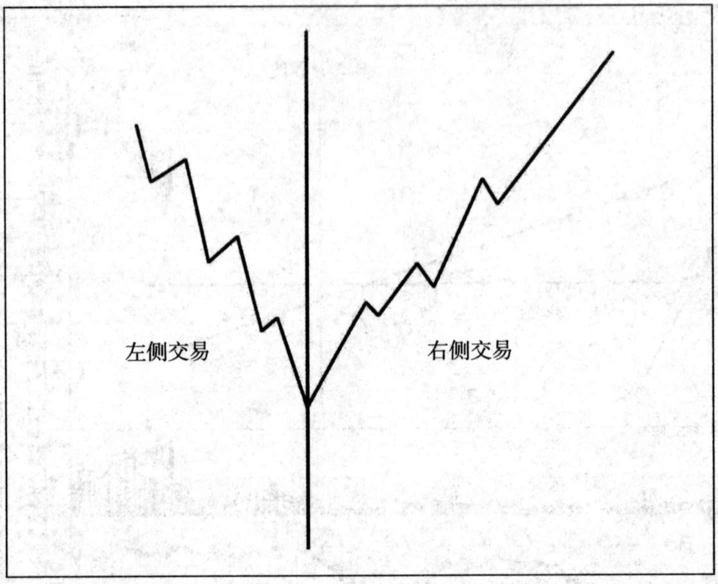

图 11-13 左侧交易和右侧交易示意图

分界线，是不是已经到了多空分界线的右侧，进入右侧交易区了。如图 11-14 所示。

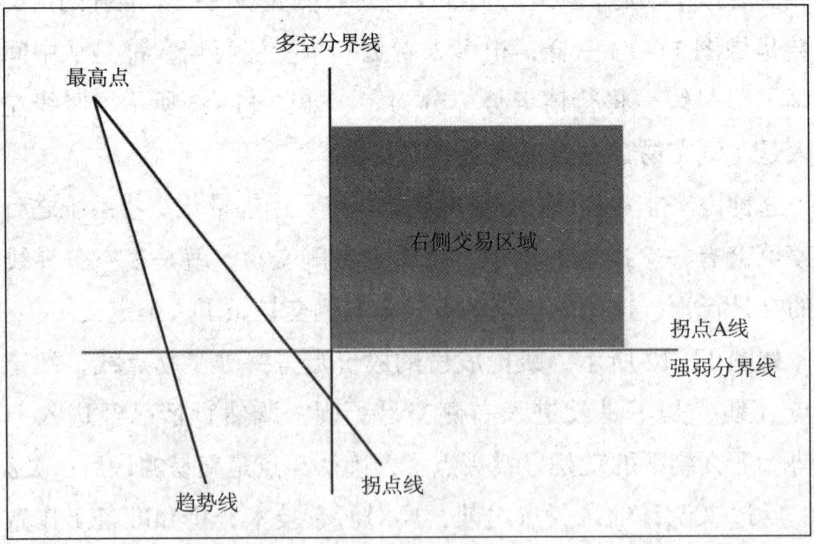

图 11-14

从几何图形上来说，强弱分界线（拐点A线）可以看作是X轴，多空分界线可以看作是Y轴，拐点线突破位置就是坐标原点，右侧交易就在第一象限交易，在第二、第三象限交易叫接盘，在第四象限交易叫抄底。

【股神讲述】趋势量化交易系统对每条线都有一个准确的名称，并且细分了每一条线的作用。市场上涨得疯的、涨势好的妖股，都是在第一象限区域拉升上去的。

第十二章　画线需注意的问题

本章讲述技术分析中画线所要注意的问题及解决方案。在画趋势量化交易系统的三条线、两个点时，可能会遇到一些不规则图形，有些很好画，有些则不好拿捏。

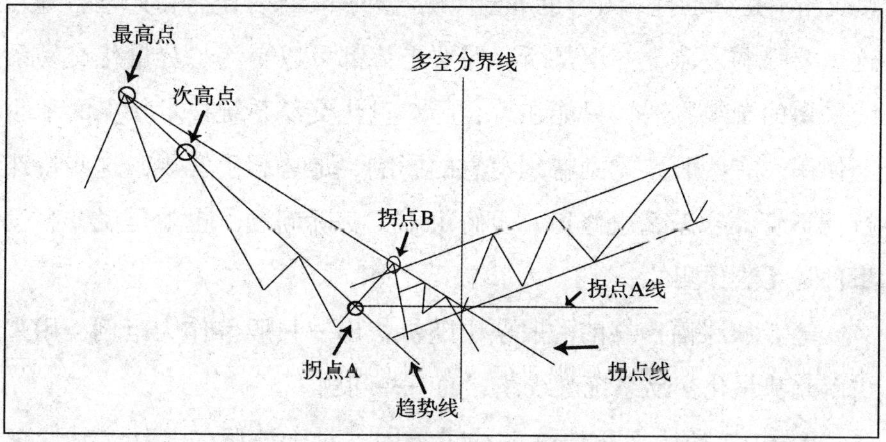

图 12-1　趋势量化交易系统示意图

先来回顾一下前面讲解的内容，做到温故而知新。

从最高点到次高点，经过两点画一条直线，称为下降趋势线。

价格从次高点沿趋势线震荡盘跌，某一天向上突破下降趋势线，之后冲高回落。从最高点到这波向上冲破下降趋势线的上涨高点，或该上涨高点之后连绵起伏的高点，也就是从最高点到拐点 B 之间画出一条直线，这条线称为拐点线。

价格首次突破趋势线的位置叫拐点 A，拐点 A 之后的这一波上涨高点称为拐点B。从拐点A的位置连接一条水平线，称为拐点A线，也叫强弱分界线。

未来价格站稳拐点A线并且向上突破拐点线，就来到了可操作的右侧交易区域，这时可以依据首根突破拐点线的K线划分多空分界线。首次突破拐点线的这个点，称为第一买点或突破A点。未来价格会进入一个上涨—下跌—上涨—下跌但总体趋势为上涨的区域。

在画趋势线、拐点线、多空分界线以及在右侧交易区域进行技术分析时，交易者会遇到很多问题。股市走势千变万化，千姿百态，K线图不是标准件，图形也不会像螺丝和螺母那样配合得严丝合缝。这里要强调一点，并不是所有股票走势都可以套用趋势量化交易系统采用的画线方法，只能在符合趋势量化交易系统技术特点的个股上使用。有些股票受到特别消息的影响，走势超乎常规，这些特殊行情不管大家怎么去修正，也解决不了实际问题。也就是说，突发事件是无法预测的。

笔者从涨幅榜靠前的股票中随机找出一只股票作为范例，用来讲解趋势量化交易系统画线注意的一些问题。

图12-2是佳云科技的K线走势图。对于该股的K线走势，第一直觉笼统地判断，走势整体上处于一个下降趋势中。细化分析，就要画出趋势量化交易系统中的几道线。最高点不用计算，忽略上下影线，直接找阴线的收盘价就可以了，这样画线比较准确。

如图12-3所示，首先画出标示趋势的一条下降趋势线。如果下降趋势线画为A线，明显不够标准。画出来的B线和C线呢？后市也一直在走趋势性下跌的走势。

这种情况给画趋势线造成了很大的麻烦，这时画线就必须用到一种修正方法，以便照顾到K线整体走势。趋势线的修正画法就是

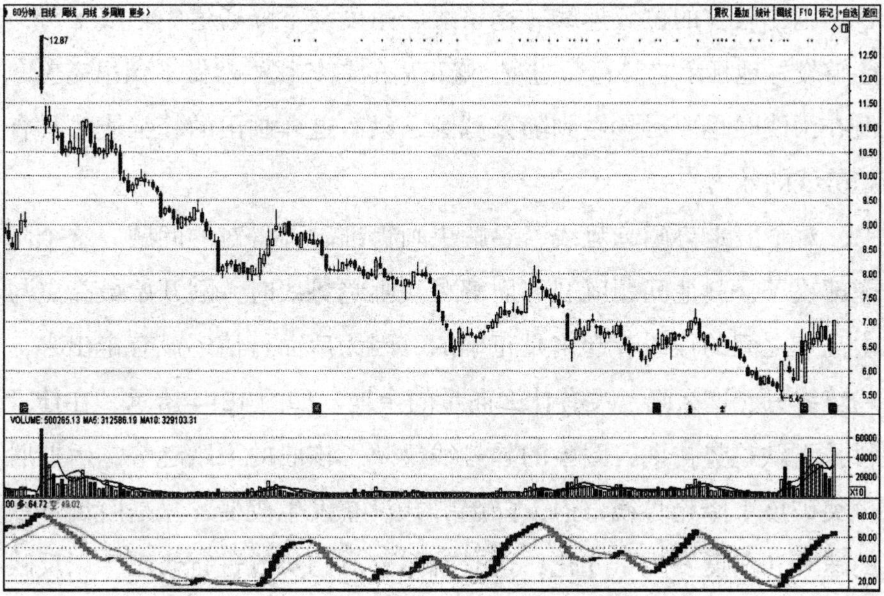

图 12-2　佳云科技（300242）

图 12-3　佳云科技（300242）

找中枢比较多的位置连线，这条线的角度与下降通道中轴线平行，能够较好地标示趋势运行过程。修正后的趋势线虽然做不到很完美，但在画线时也要尽量做到随方就圆，只有这样画出的趋势线才具有趋势线的效力。

对个股走势画趋势线，要解决画得准、画得对的问题。这个问题解决了，其他问题就迎刃而解了。画趋势线时，刚开始最高点与次高点之间的连线看起来是正确的，因为后面行情还没有走出来，趋势线只能这么画，没有什么商量的余地。如图 12-4 所示，在佳云科技下跌趋势初期，图中的趋势线反映了该股的下跌趋势。后期股价突破该下降趋势线，但下降趋势并没有发生改变，只是股价下跌的速率和角度发生了变化，这时就需要对趋势线进行修正，以反映下降趋势发生的变化。

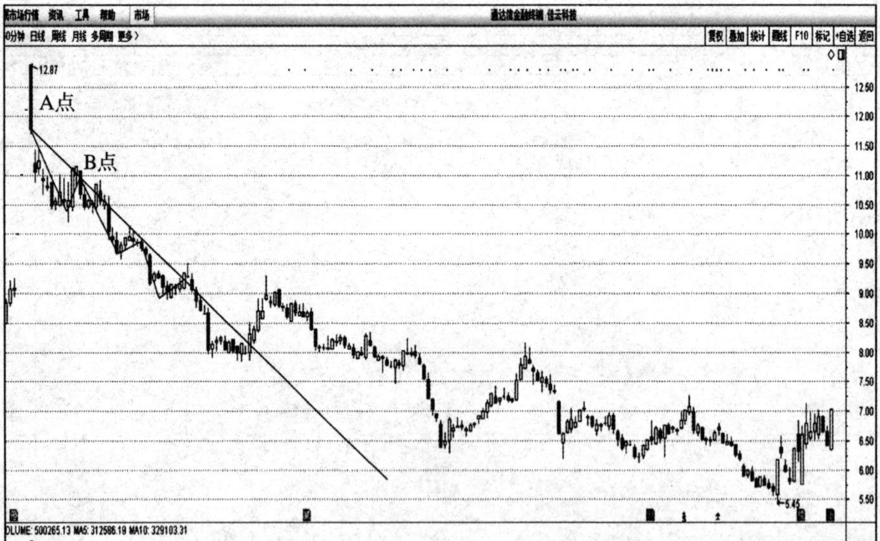

图 12-4　佳云科技（300242）

那么修正后的趋势线是什么样的呢?

如图 12-5 所示，图 1 先在 A 点和 B 点之间画了一条下降趋势线。后来股价涨涨落落，下跌角度发生了变化，于是在图 2 中根据新的波动高点，对下降趋势线做了一次修正。只要交易不停止，行情就一直在更新，随后又画出了图 3 和图 4 中的两条下降趋势线。

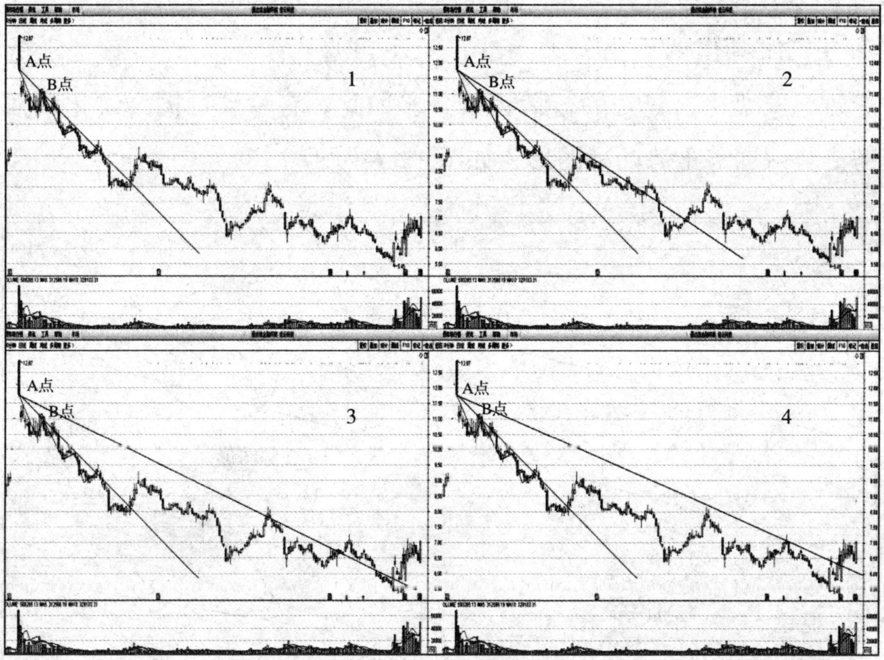

图 12-5

这时大家就会产生疑问，经过这么多次修正，下降趋势线还有效吗？在以后的操作和弱市行情中，修正趋势线这种情况会经常遇到。画修正趋势线有一个要点，如果画了多条下降趋势线，在画最后一条修正趋势线时，原则上股价不能突破操盘线或 60 日均线，突破了就不能再往上找连接点了。也就是说，修正线可以是多条，但必须结束于股价突破操盘线或生命线之前，这两个标准达到哪一个都可以。

趋势修正后，最初确定的次高点即 B 点已经失效，经过修正后最后画出的下降趋势线，其中的连接点才是该下降趋势线的次高点。股市中有 80% 的个股走势相对来说都比较标准，但总有 20% 的个股走势不循常理，需要多次修正才能确定最终的趋势线。

在实盘走势中，很多个股也不是一定要走标准的上升通道。技术分析时画出两条上升通道线，只不过是为了给大家讲解上涨的原理，实盘中，真正的行情运行并非如此，有时候行情会演化成强势走势或弱势走势两种图形，如图 12-6 所示。

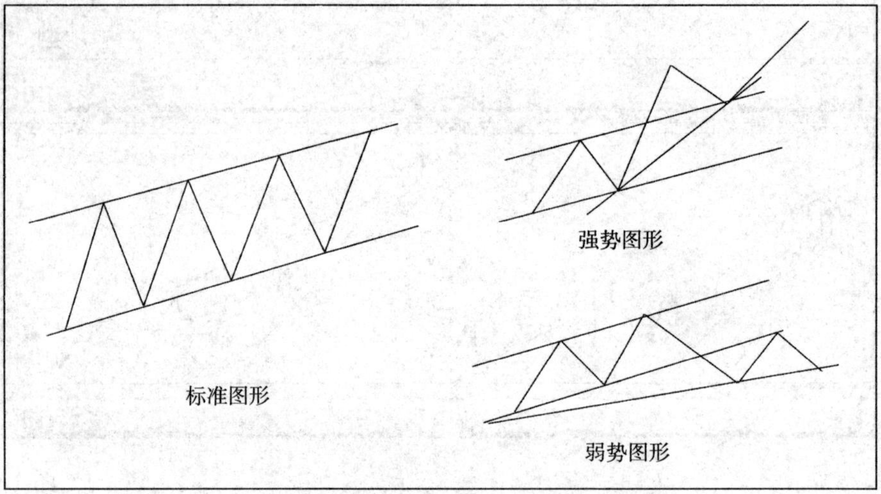

图 12-6　不同强度的股价走势

在强势走势中，大家可以看到，原来股价是在箱体通道内运行，后来突破箱体上轨线并回踩确认有效后，形成了新的更加陡峭的上升趋势，比如上涨角度由原来的 45 度角变成了 60 度角。出现这种走势，表明行情上涨速度在加快，节奏在加强。弱势走势，就是价格在上涨过程中向下跌破了通道下轨线，上涨角度趋缓，这种图形走势表明上涨行情减弱。走势越强越容易出现涨停，越弱越不容易走出大行情。

图 12–7 是华域汽车的 K 线走势图。图中上涨行情的上升角度一直在变大，由刚开始的走平到 15 度上涨，再到 30 度和 45 度的上涨。与此相应，K 线实体也变得越来越大，表明日涨幅逐渐增加。

图 12–7　华域汽车（600741）

江恩理论中有多条扇形分割线，趋势量化交易系统中引入了类似江恩扇形分割线的三三线。

在趋势量化交易系统中，拐点线并非是最后一条画线。当个股股价突破趋势线、拐点线之后，又衍生出来一条三三线。这三条线分别是第一次突破趋势线，第二次突破拐点线，第三次突破三三线。三三线同样是从最高点连接的一条线，它的另一个连接点是股价冲破拐点线之后冲高回落的高点。

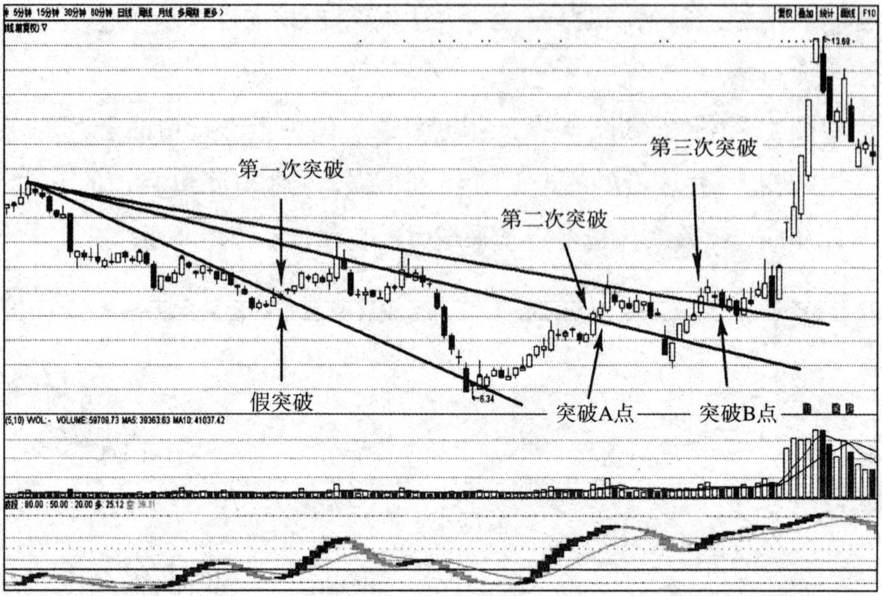

图 12-8

为什么叫三三线呢？首先，它是趋势交易系统中的第三条线。其次，股价突破三三线，属于第三次针对直线的突破，其中第一次是对下降趋势线的突破，第二次是对拐点线的突破，第三次是对三三线的突破。股价突破三三线的位置，是交易者买入的最佳进场点，这个点就叫突破 B 点。

股价第一次突破下降趋势线，这个点位属于假突破，引发假突破的上涨行情大家不要去操作。股价突破拐点线的时候，大家可以在图中画出多空分界线，这时的突破位置叫做突破 A 点。股价突破三三线的位置，就是突破 B 点。

突破 A 点是第一进场点，突破 B 点是最佳进场点，因此后者要比前者重要。

有人可能会觉得这样分析很啰嗦，提出不要这条三三线行不行，答案是不行。为什么呢？有时候股价走势就像图 12-9 所示的那样，个股股价突破了拐点线之后，上涨行情会涨得很猛，股价涨得特别高。在这种情况下，再按照原来的标准去画线，就显得不合理了。这时候三三线就对走势分析起到了一个指导作用，表明行情走势有可能一步到位。

个股股价突破拐点线之后，如果行情没有上涨那么多，而是仅仅上涨了一个小的波段。就像图 12-9 中所示的那样，股价只反弹到三三线位置即冲高回落，之后再次选择向上突破。这种冲高回落走势，后市上涨的威力更大。有了三三线，大家交易时能够有一个参照，对于后市行情走势的分析也会有更好的着力点。

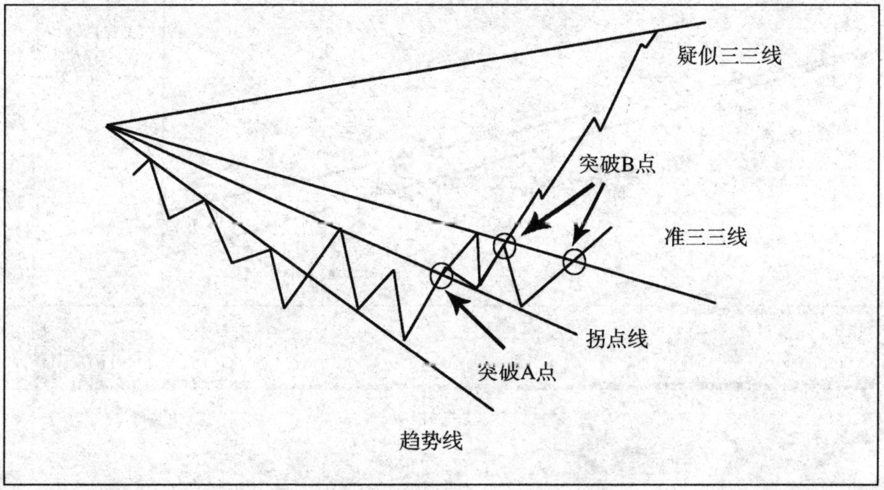

图 12-9

股价突破 A 点后，有些个股股价会涨得很高，这个概率在 20% 左右，但有 80% 左右的概率会冲高回落。如果股价突破 A 点后很快冲高回落，这时就要用到三三线了。

大家每天盘后复盘的时候，在涨幅榜上都会看到很多涨停板。如果按涨停所处的位置划分，这些涨停板不可同日而语。在所有这些涨停板中，突破 A 点走的是 1 浪结构，突破 B 点走的是主升浪 3 浪结构。找到三三线的突破点，就是最佳进场点，短期内收益会更大一些。

图 12-10 是诚迈科技的 K 线走势图。从最高点 A 点连线，找到众多支点的中枢并画出下降趋势线。价格第一次突破下降趋势线之后遇阻回落，受到下降趋势线的支撑企稳。形成明确的底分型后，股价再次走强，以跳空涨停的方式突破拐点线。

图 12-10　诚迈科技（300598）

这只标的个股是在突破 A 点的位置开始大涨的，上文提到过，突破 A 点的股票不是不能买，有 20% 的概率也会出现大涨。诚迈科技这只股票当时是市场中的明星股，炒作的概念是软件服务和精准医疗。

诚迈科技第一次涨停向上突破拐点线的时候，直接高开了八九个百分点。就因为跳空高开了这么多，所以它的上涨潜力才会更大一些。如果只是跳空高开了两三个百分点，后市涨幅就不会这么大，也不会出现这么多涨停了。

在高开突破拐点线这个位置，交易者如果想要介入，只能在涨停板挂单。早盘 9:30 开盘之后，直接一个大买单就给封涨停了，随后全天也没有多少抛压，量能是缩量的涨停板。

注意：股价选择向下破位或向上突破，一种是以实体 K 线突破，第二种是直接跳空高开或低开突破，但最终都体现在股价实质性突破。

【股神讲述】当按照技术分析要点画出趋势线、拐点线、多空分界线以后，观察个股整体走势，还是很有规律的。当股价突破了拐点线，进入多空分界线右侧以后，K 线图盘整几天一定会涨停起爆吗？也不一定，但是在 A 点起爆和 B 点起爆，都满足这个条件。

满足了涨停起爆的各项条件，为什么股价并不一定会涨停起爆呢？这里面还涉及 K 线形态、量价关系等多方面因素，另外是不是有热点配合，也影响到主力拉涨停的行为。

炒股要根据已知条件，一步步地大胆预测，小心求证。分析历史 K 线组合是否符合 A 点和 B 点的要求，这是预判 A 点和 B 点能否出现涨停的必要条件。

开车必有刹车，开仓必设止损。要么到了止损价位必须止损认赔，要么远离这个市场。你无法阻止一只鸟落在你的头上，但你可以阻止一只鸟在你头上筑巢。交易中亏损在所难免，但千万别让亏损变成灾难。

第十三章　三三三交易法

三三三交易法，这里面有三个“三”。第一个“三”，指的是按一波行情波动的规律画出三条线，也就是行情从高位跌下来以后，经过三次反弹高点画出来的三条线。三三三交易法，第一个“三”一定要记住是三条线。有的个股仅画出两条线可以吗？这需要单独判断，原则上要画出三条线。第二个“三”指的是三底逐级抬高，这里强调一定是三个底。第三个“三”指的是三波行情。如图 13-1 所示。

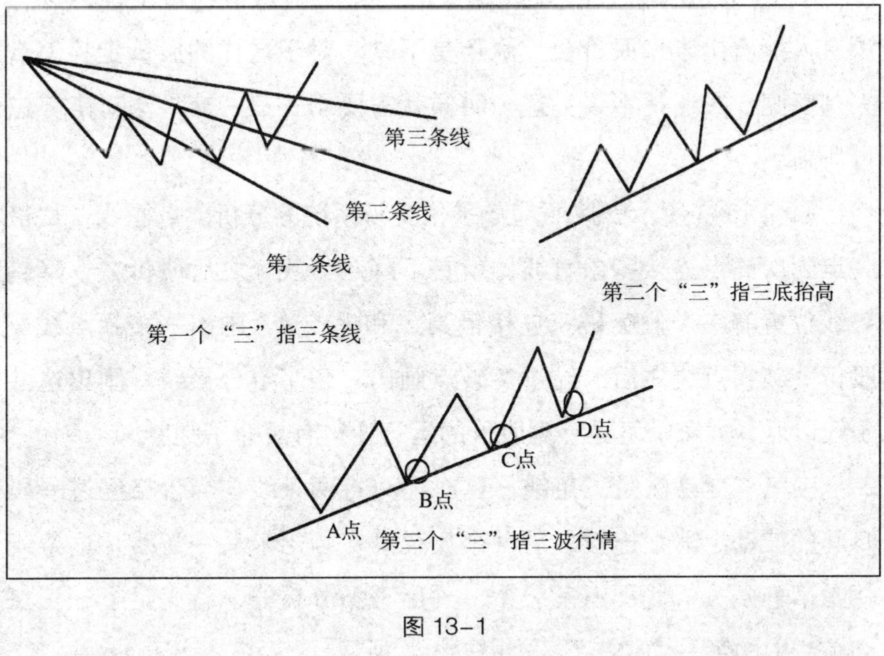

图 13-1

从趋势量化交易系统来讲，一个完整的上升行情是由四个买点组成的，分别是 A、B、C、D 四个买点。但是本章讲的趋势量化交易系统为什么是三三三，而不是三三四呢？因为该交易系统只做三波行情，不做四波。A 点启动的一波上涨行情，也就是第一买点，原则上是要放弃的，只做 B、C、D 启动的这三波上涨行情。

在实盘走势中，股票走势五花八门，光怪陆离的 K 线组合更是让人看了眼花缭乱，那我们还去找目标股吗？该找还要去找，该画线还是要画线。交易者只做自己能看得懂的走势，看不懂的走势不要参与，以免站错了队。

在大盘走势孱弱的时候，大家如果能理解和掌握这个三三三交易法，依然可以在市场中获得利润。三三三交易法是最简单、最实用的交易法，也是从实战出发，教会大家在 A 股战场上如何拼刺刀的一种战法。

图 13–2 是阿科力的 K 线走势图。在后市行情出现上涨以前，没有人能看出未来股价会上涨还是下跌。对于这样的股价走势怎么去判断呢？买还是不买？这个时候就需要用三三三交易法对走势进行研判。

如图 13–3 所示，按照趋势量化交易系统的分析要点画线，从最高点到次高点连接一条直线，就是下降趋势线。之后股价在下降趋势线位置有一个假突破。连接最高点和拐点 B，画出一条拐点线。股价突破拐点线之后，经过突破点画出一条多空分界线。画出这三条线以后，大家是不是感觉股价的运行变得有规律了呢？

三三三交易法是三条线，这时还只有两条线。当价格经过一段时间的波动上涨，连接最后一个反弹高点画出最后一条线，这条线就是第三条分析线即三三线了。画出三条分析线，就满足了三三三交易法中的第一个“三”，如图 13–4 所示。

图 13-2　阿科力（603722）

图 13-3　阿科力（603722）

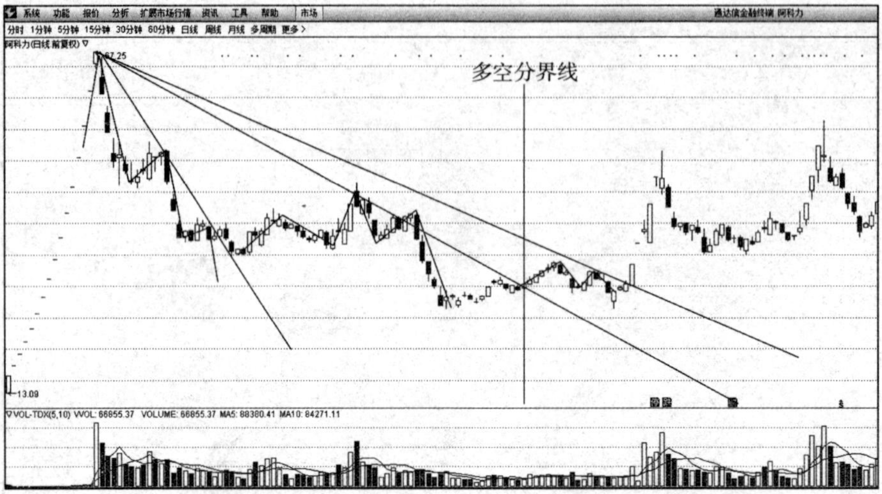

图 13-4 阿科力（603722）

股价沿下降趋势线持续下跌，在见到低点和突破第三条线之前，出现了三个短期底部，然后股价向上突破。对于专业投资者来说，这个突破的节点就是最佳进场点。三三三交易法中的第二个“三”，就是指的三个相继抬高的底部，如图 13-5 所示。

如图 13-6 所示，对于趋势量化交易系统来说，多空分界线这个位置，就是股价突破 A 点的位置。股价冲高回落，随后形成新的上涨趋势以后，在突破第三条线即三三线的位置，就是突破 B 点。突破 B 点是三三三交易法的最佳进场点，也是艾略特波浪理论中 3 浪上涨的启动点。同时，该点也是均线理论中的金山谷买点和缠论中的第二类买点。

有人会问，既然有趋势量化交易系统，为什么又衍生出三三三交易法呢？因为这两个交易法一点儿都不矛盾。以趋势量化交易系统为基础衍生出来的三三三交易法，能够使交易者更加坚定地在 B 点做多或买入。

大家在做交易决策的时候，特别是在弱市中，存在不敢买入的

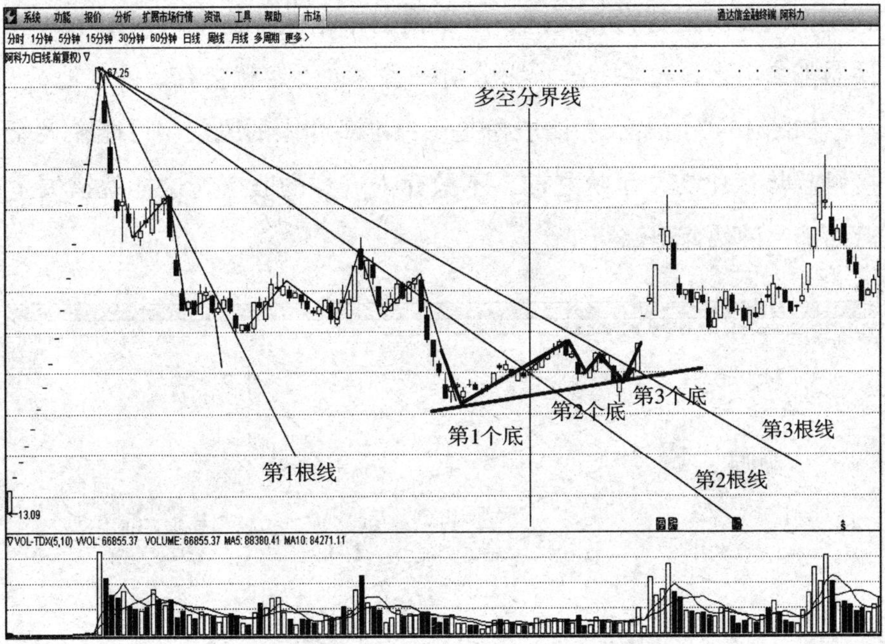

图 13-5　阿科力（603722）

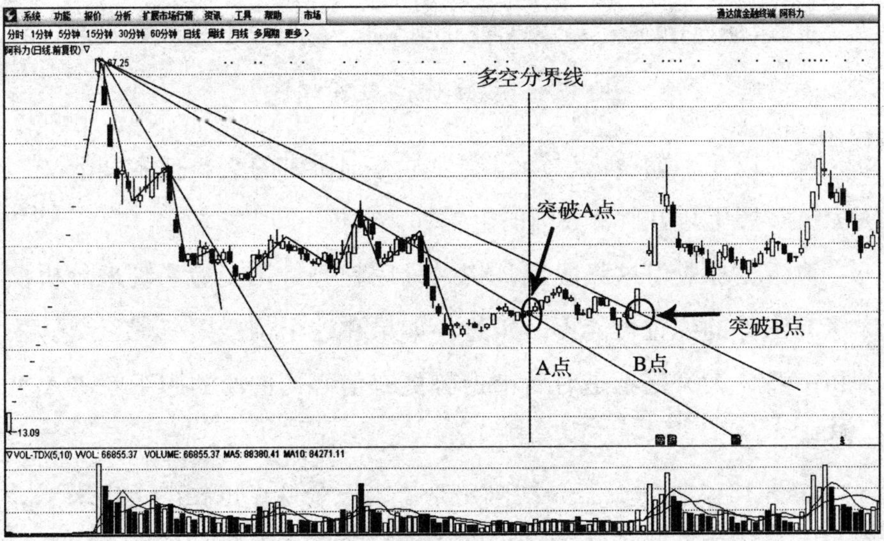

图 13-6　阿科力（603722）

问题，或者对走势存在疑问，看不清后市走向，这个时候把十八般兵器都拿出来，轮番上阵，去分析一番，说不定就会有用武之地。

如图 13-7 所示，振静股份是一只准备介入的股票。可能在大家接触趋势量化交易系统之前，不敢介入这样的股票，这样就错失了后面那一波快速上涨行情。

图 13-7 振静股份（603477）

授人以鱼不如授人以渔。学会了本书所讲的交易技术和战法，大家就掌握了开启财富大门的金钥匙。

对于振静股份这只股票，如果只用趋势量化交易系统来分析，大家在涨停的位置可能不敢买进。如果在这个位置用三三三交易法分析一番，大家是不是对后市走势更有信心，进场的胆子就更大了一些呢？

如图 13-8 所示，三条线画出来了，三个低点也相继走出来了。在 B 点，不论是股价突破时买进还是回踩受到支撑时买进，都是一个绝佳的进场点。三三三交易法的第三个“三”，就是要解决买入的问题。

对于趋势量化交易系统，交易者首先要知道哪个位置是 A，哪个位置是 B。前面讲过，一波行情有四个买点，分别是 A、B、C、D，这不是刚刚出现两个买点吗？是的，这时 C 点和 D 点都还没有走出来。后市的 C 点能不能买入，是由前面的 B 点决定的。

图 13-8　振静股份（603477）

为什么把 B 点称为最佳进场点，是因为 B 点启动的一波行情涨幅最大，安全系数最高。从 A 点开始，你可以期待一个冲高回落的 B 点，还可以期待一个冲高回落的 C 点，B 点就是一个承上启下的位置。如果拿一棵树做比喻，A 点是根，D 点是冠，B、C 两点就是主干。

三三三交易法，原则上只有三次交易机会，实战中，大家不要妄想把所有机会都收入囊中。如果不想放弃任何赚钱的机会，就有可能让我们失去冷静，产生贪念。有了贪念，就有可能导致亏损。A、

B、C、D 四次买入机会，原则上先做 B 和 C。如果 A 点启动的上涨行情比较清晰的话，激进的交易者也可以做一下 A 点启动的行情。原则上，三三三交易法最多只做三次交易，要么做 A、B、C 三段，要么做 B、C、D 三段。

关于三三三交易法的三底抬高，有几种可能的走势，下面用示意图来进行讲解。

如图 13-9 所示，图 1 这种三底抬高模式，是标准的三底抬高，一个底比一个底逐级抬高。

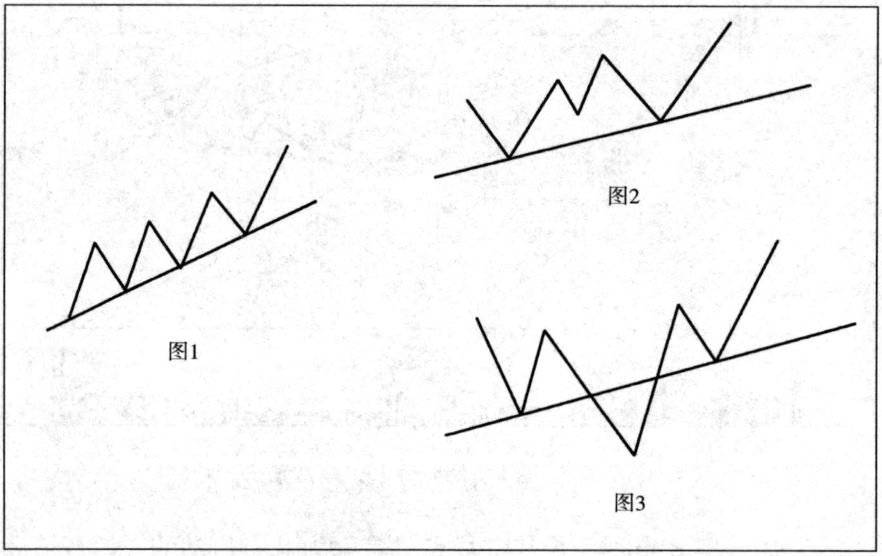

图 13-9

图 2 是三底抬高吗？也是。虽说中间有悬空，但是只要第三个底比第一个底抬高了，就是三底抬高。

图 3 是三底抬高吗，第二个底打破了呀？这个也是，这是一个头肩底的三底抬高。

三底抬高的图形，不外乎这三种模式。在技术分析过程中，这三种情况交易者都会经常遇到。不要狭隘地认为只有图 1 中的走势才是三底抬高，图 2 和图 3 同样也是，否则大家就会错失很多机会。

有些个股在关键位置会出现仙人指路。如果仙人指路出现在突破三三线的位置，交易者要大胆买进，如图 13–10、图 13–11 所示。

在股市中经常听到“仙人指路”这个词，图 13–10 广汇能源和图 13–11 荣盛石化，在上涨过程中都出现了长上影 K 线。这种 K 线出现在股价突破三三线的位置，都是大涨前的洗盘行为。在关键位置遇到这样的 K 线，交易者要大胆跟进，入场后短时间就会获得很大的收益。仙人指路，意思就是发财的机会来了。

有些规律大家要善于总结，善于发现，对于经典图形要进行分析并注意保存。比如说，“假阴真阳骗线阴，一旦启动就要跟”，这就是对股市利用假阴线诱空的一种经验总结。

图 13–10　广汇能源（600256）

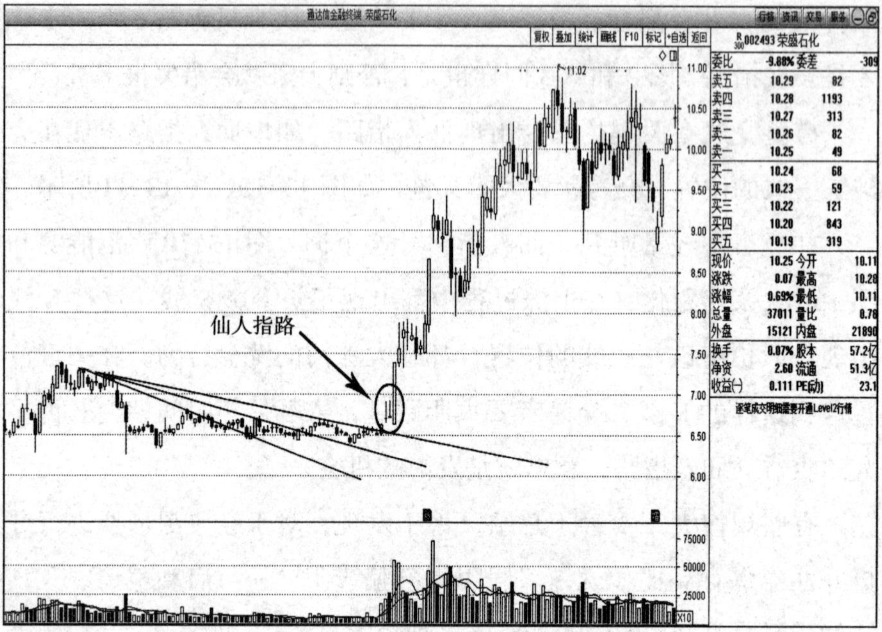

图 13-11　荣盛石化（002493）

有时在市场中追高是有原因的，只要股价处在起爆的位置，就不要害怕追高。如果股价连续上涨，已经涨得很高了，这时就不要去追了。真正的行情启动后，都会走出一个波段的上涨，如果只有一两根 K 线的上涨，那么这种短暂行情不做也罢。

按照三三三交易法介入，是不是所有股票都会大幅上涨呢？也不是，所以利用该交易法操作，也要做好防守准备。

有些股票的走势充满诱惑性，如图 13-12 所示的美凯龙，就是一个失败的案例。在三三线突破之前买入，叫打提前量或提前埋伏。有时候打提前量，如果股价按预期走势发展，交易者可能会赚得更多一些。如果股价没有选择向上突破，而是向下回落，这时提前埋伏进场的资金就要顺势出局。

有的交易者可能会说，按照三三三交易法要求，股价底部也抬

图 13-12　美凯龙（601828）

高了，提前潜伏进去，可是没赚钱，反而亏了，这个问题该怎么解决？

笔者要问的是，你买进时股价突破了吗？如果提前进场，想在买价上比最佳进场点低一点，就一定要做好防守准备，股价跌破了底部上升支撑线，一定要止损出局。

无论采用什么样的交易模型，用什么方法买入，如果实际走势与预期相反，一定要及时止损，以免出现严重的亏损。打提前量不是说不可以，但是最安全的买入时机还是突破后介入。

如图 13-13 所示，美凯龙这只个股，用趋势量化交易系统来分析，还是可以操作的。当股价突破趋势线和多空分界线，就出现了 A 点买入机会。买入之后，还是走出了一波不错的上涨行情的。但是如果用三三三交易法，那么该股在买入火候上还差那么一点点。

给大家留个思考题，分析图 13-14 中杉杉股份的走势，按照三三三交易法画出三条分析线，并确定 A 点和 B 点。

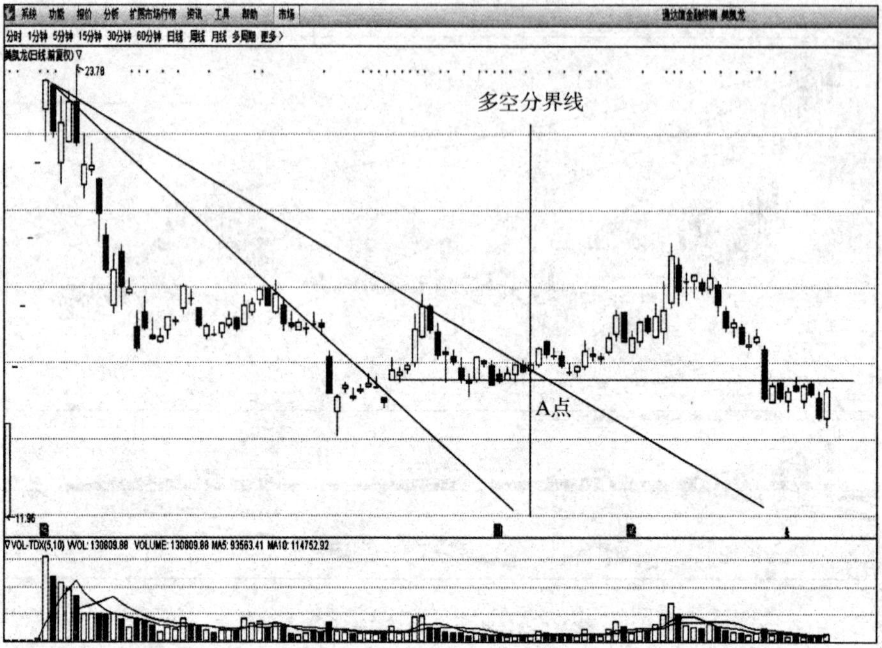

图 13-13　美凯龙（601828）

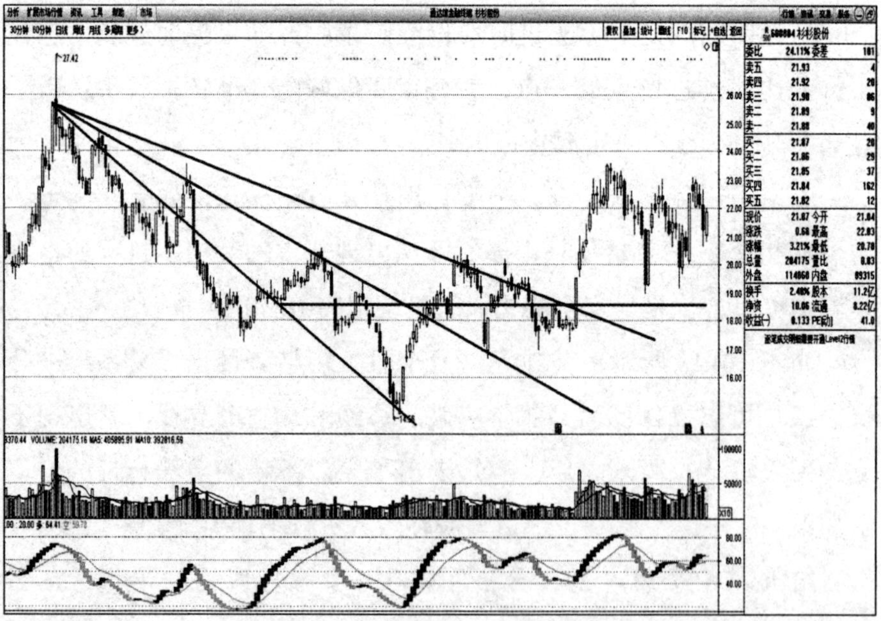

图 13-14　杉杉股份（600884）

【股神讲述】选股不但是脑力活，还是个体力活。某些股票看好后，可以先加入自选股以保持跟踪关注，当股价走出合适的走势后，再在合理的位置买入，这样就可以享受到上涨获利的乐趣。

在B点最佳点位进场，如果该位置同时出现仙人指路、涨停大阳线、跳空高开小阳线，大胆介入，一般来说都会给交易者带来很大的收益。

A股市场不乏好的股票，只不过需要大家有一双慧眼，能够及时发掘它。有些股票不符合技术要点，走势表现就会弱一些，当找到符合技术要点的股票，那么后市表现就会给大家带来惊喜。如图13-15所示，三德科技在突破三三线后，短时间内的巨大涨幅简直让人惊叹。

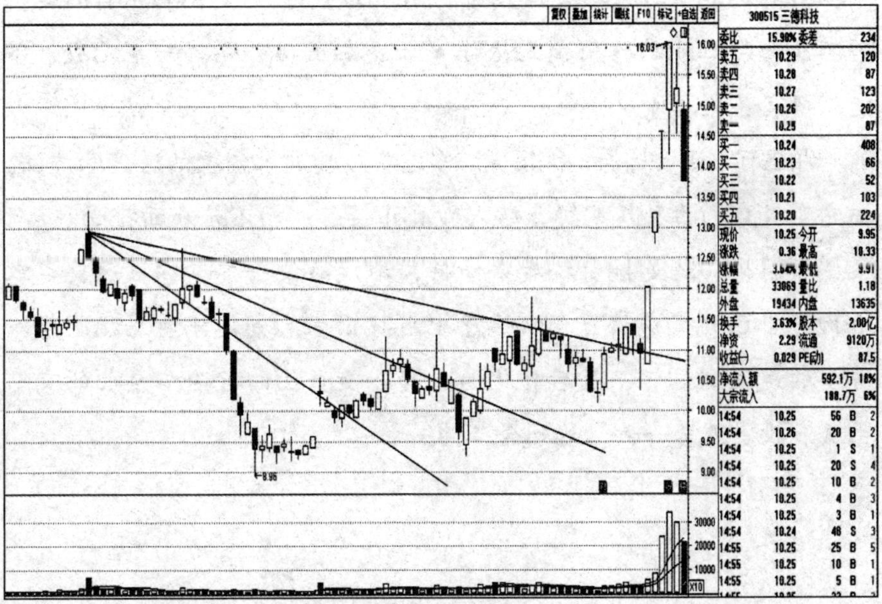

图13-15　三德科技（300515）

最后给股民几个忠告。

（1）三线走空不买股。大盘好的时候满仓做，熊市的时候坚决空仓休息。不要听信抄底的言论，这次抄对了，下次也会错。熊市损失的不仅仅是金钱，还有心理、时间等成本。

（2）千万不要预测股市，预测了也不要下定论，能说出推断逻辑即可。凡是抱有“我感觉它会涨的”“我感觉跌得差不多了”这种想法的股民，入市就会被薅羊毛。现在网络信息泛滥，一个朋友圈信息就可能会误导你的操作。在市场中千万不要相信股评，不要轻信别人唱多或唱空的论调，做股一定要到独立思考、独立操作。

（3）不管学习什么交易方法，要想把它转变为自己的东西，必须做到正信，破除疑惑，坚定信心。

心地是学习别人方法的基础，相随心转，任何觉悟皆出自心地。若不能懂得心地的作用，无论你多么发奋用功，终将一事无成，不能领悟交易的真谛。

相信了，还要守持。所谓守，首先要接受别人传授的道理和方法，把它变成自己的思想见解，从内心真正接受，而不是表面接受。

所谓持，就是接受之后要保持，不能随便丢掉。学习后要勇敢地抛弃自己的交易陋习，从迷惑中解脱出来。如何才能站稳脚跟？首要的是做到信守，最后转化为行为，使自己的行为与自己的交易系统或投资理念一致，达到合二为一。